Marie-Luise Knopp und Klaus Napp (Hg.)

Wenn die Seele überläuft

Kinder und Jugendliche erleben die Psychiatrie

EDITION BALANCE

Die Deutsche Bibliothek – CIP-Einheitsaufnahme
Wenn die Seele überläuft :
Kinder und Jugendliche erleben die Psychiatrie
Marie-Luise Knopp; Klaus Napp (Hg.). –
Bonn: Psychiatrie-Verl., 1995
(Edition Balance)
ISBN 3-88414-162-7
NE: Knopp, Marie-Luise [Hrsg.]

Wir danken allen Beteiligten, insbesondere der Redaktion des KLAPSE.
Titelgestaltung: Ute Hüper, Köln, und Durchblick-Design, Leipzig,
unter Verwendung des Bildes »Seelenspiegel 1« von Nicoletta Postizzi,
erschienen im Buch »Fenster zur Kreativität«, Friedrich Reinhardt-Verlag, Basel.
Druck und Bindung: Clausen & Bosse, Leck

Inhalt

Vorwort

Eine »übervolle« Seele macht krank, vor allem junge Menschen, die ihrer Umgebung oft noch hilflos ausgeliefert sind. Voller Angst ziehen sie sich in sich selbst zurück, werden depressiv oder brechen auf zu neuen »Welten« der Sucht oder der Psychosen. Einige versuchen sogar, sich das Leben zu nehmen.

Was kann man für Kinder und Jugendliche tun, wenn die Seele überläuft, wenn »nichts mehr stimmt« und sie keinen Ausweg mehr wissen?

Es gibt zahlreiche Angebote, und wenn alle anderen Möglichkeiten ausgeschöpft sind, bietet die Kinder- und Jugendpsychiatrie einen Schutzraum für die Suche nach der eigenen Identität und nach dem besten Weg in die Zukunft.

Um den aus Unverständnis geborenen Vorurteilen gegen die »Verrückten« etwas entgegenzusetzen, entschlossen wir uns – Lehrer und Schüler der »Klinikschule«, einer Dependance der Martin-Luther-King-Schule in der Kinder- und Jugendpsychiatrie der Rheinischen Landes- und Hochschulklinik in Düsseldorf –, mit einer eigenen Zeitung nach außen zu wirken. Wir wendeten offensiv ein negativ besetztes Schlagwort und nannten unser Projekt »KLAPSE«. In dieser seit 1991 zweimal jährlich erscheinenden Zeitung berichten Kinder und Jugendliche offen über ihre Probleme und ihren Alltag in der Psychiatrie.

Weit über Düsseldorf hinaus hat die KLAPSE interessierte Leserinnen und Leser gefunden, und die durchweg positiven Reaktionen machten uns mutig: Wir beschlossen, ein Buch zu schreiben. Unsere Schülerinnen und Schüler, auch viele ehemalige, waren begeistert von der Idee und schrieben »ihre« Geschichte und Berichte über die Station. Wir als Herausgeber sammelten, koordinierten, korrigierten und überarbeiteten die Texte und fanden dabei in Frau Koch vom Psychiatrie-Verlag eine wesentliche Hilfe. Um viele Erfahrungen reicher, können wir jetzt nicht ohne einen gewissen Stolz feststellen: Unser Buch ist fertig!

Wir wissen, daß wir nicht *die* Psychiatrie zeigen können, sondern *nur* ein Kaleidoskop aus persönlichen Geschichten – so schillernd wie das Leben. Wir stellen die authentischen Erlebnisse in der subjektiven Sicht der Betroffenen in den Vordergrund.

Den Erzählungen über das tägliche Leben auf der Station folgen die persönlichen, oft bewegenden Geschichten, die wir nach den Krankheitsbildern und Problemfeldern geordnet haben. Auch hier können wir keine lückenlose Zusammenstellung bringen. Neben Geschichten von Psychosen, Ängsten, Eßstörungen und Selbstmordversuchen stehen solche über Drogen und sexuellen Mißbrauch, was auf den ersten Blick nicht unbedingt mit der Psychiatrie in Verbindung gebracht wird. Und da das Leben nach der Psychiatrie nicht aufhört, kommen auch Ehemalige zu Wort. Nicht immer gibt es ein Happy End.

Angesprochen sind somit alle, die mehr über psychische Probleme und Erkrankungen bei jungen Menschen erfahren und einen Einblick in die Kinder- und Jugendpsychiatrie gewinnen wollen.

Darüber hinaus ist unser Buch eine Hilfe für Jugendliche und deren Eltern, die mit ähnlichen Problemen konfrontiert sind. Ihnen, so hoffen wir, kann dieses Buch weiterhelfen, Angst vor der Psychiatrie abzubauen und schneller Hilfe zu suchen. Wenn wir dann noch dazu beitragen, daß sich junge Menschen, die Hilfe in der Psychiatrie gesucht haben, nicht mehr verstecken müssen, sondern künftig offen zu ihren nachvollziehbaren Krisen stehen können, ist ein wichtiges Ziel unserer Arbeit und dieses Buches erreicht.

Marie-Luise Knopp und Klaus Napp,
Düsseldorf, im April 1995

Anmerkung

Wer mehr über unsere Arbeit erfahren möchte, wende sich an:

Redaktion KLAPSE
Bergische Landstraße 2
40629 Düsseldorf
Telefon 0211/9224570
Fax 0211/9224571

Einleitung

Nachts wird dem Bereitschaftsarzt vom Ordnungsamt telefonisch die Aufnahme eines 14jährigen angekündigt. Dieser randaliere, bedrohe seine Eltern, die Angst um ihr Leben hätten. Auch mit Selbstmord habe er gedroht. Der Junge – Manfred – wird dann etwas später von der Polizei in Handschellen vorgeführt; die Eltern sind nicht dabei. Manfred wirkt verstört, erwidert aber den Gruß. Auf meine Frage, ob die Handschellen noch notwendig sind, reagiert er sehr erleichtert, und sie werden entfernt. In Gegenwart der Nachtschwester berichtet er mir dann seine Sichtweise der Situation und wie sie zustande gekommen sei. Er habe doch nur gewollt, daß die Eltern ihm zuhören... Die hätten aber nie Zeit, würden ihm nur alles verbieten, ihm sein Geld wegnehmen, wenn er nicht gehorche. Als er sich das Geld mit Gewalt aus dem Schrank der Eltern habe wiederholen wollen, habe der Vater ihn geschlagen und er zurück.

Manfred erklärt sich bereit, erst einmal freiwillig in der Klinik zu bleiben und mit unserer Hilfe nach Möglichkeiten zu suchen, besser mit seinen Eltern zurechtzukommen.

Die Eltern sind nur telefonisch zu erreichen. Erst als sie von der Bereitschaft Manfreds zu einer stationären Krisenbehandlung hören, sind auch sie bereit, in die Klinik zu kommen.

Dieses Beispiel für die Aufnahme eines Jugendlichen in die Kinder- und Jugendpsychiatrie ist auf diese oder andere Weise Teil unseres beruflichen Alltags. Für den Betroffenen und seine Familie stellt sie dagegen oft eine persönliche Katastrophe dar, die mehr oder weniger dramatisch ablaufen kann. Im günstigsten Falle konnte mit allen Beteiligten schrittweise eine stationäre Behandlung vorbereitet (oder auch abgewendet) werden. Der plötzlichen stationären Aufnahme geht in der Regel eine mehr oder weniger lange Entwicklung voraus, in der sich die seelische Situation des Kindes oder Jugendlichen oder auch der ganzen Familie krisenhaft zugespitzt hat. Sie ist zugleich Einschnitt in diese Entwicklung und Chance für alle Betroffenen, diese Zeit zur Besinnung, Bestandsaufnahme, Rückschau und Entdeckung neuer Möglichkeiten zu nutzen.

Zumeist sind es Familienangehörige, die ihre Kinder zur Aufnahme bringen, manchmal Mitarbeiter von Jugendämtern, Heimen, Ordnungsamt und Polizei, Lehrer. Gelegentlich suchen Jugendliche auch selbständig die Klinik auf. Allen gemeinsam ist, daß sie sich in Not, oft in einer ausweglos erscheinenden Situation fühlen, nicht mehr verstehen können, was mit und zwischen ihnen geschieht. Die Erwartungen an die Klinik sind dabei sehr unterschiedlich: Die Kinder und Jugendlichen sind oft voller Ängste, was denn nun mit ihnen geschehen wird in der »Klapse«. Manchmal sind sie auch einfach erleichtert und dankbar, einen Ort gefunden zu haben, der Abstand vom Zuhause ermöglicht. Eltern erwarten oft, daß ihnen geholfen wird, ihr Kind wieder zu verstehen, manchmal, daß es »repariert« wird. Andere fühlen sich am Ende, ratlos, hilflos, auch überdrüssig, suchen Entlastung, die Klinik soll das Kind ›übernehmen‹.

Die stationäre Aufnahme eines Kindes oder Jugendlichen findet im Verständnis des Klinikteams als Krisenintervention statt, die von einem Tag bis auch zu Jahren dauern kann. Die Behandlungsdauer hängt dabei von mehreren Faktoren ab: Der Schwere der Erkrankung der Betroffenen, der Tragfähigkeit und damit der Belastbarkeit der Eltern-Kind-Beziehung, den Reserven, die eine Familie für Problemlösungen zur Verfügung hat. Durchschnittlich liegt die Behandlungsdauer bei etwa 60 Tagen. Durch die klinikinterne Schule ist es möglich, auch längerfristige Behandlungen anzubieten, ohne damit die schulische Entwicklung der Betroffenen in Frage zu stellen; vielmehr bietet die Klinikschule sogar Kindern und Jugendlichen mit der Erfahrung des schulischen Scheiterns noch eine Chance auf Erfolg.

Aufgenommen werden Kinder und Jugendliche im Alter zwischen etwa 5 und 18 Jahren, die anhaltende Probleme mit der Wahrnehmung der Wirklichkeit haben oder in ihrer Fähigkeit, sich auf andere Menschen einzulassen, gestört sind. Andere haben dauerhafte Ängste, erhebliche Selbstwertstörungen, Schulprobleme, Zwangserkrankungen oder Eßstörungen.

Während der stationären Behandlung steht den Betroffenen ein Mitarbeiterteam zur Seite, das sich aus Arzt, Bezugserzieher, Einzelpsychotherapeuten, Familien- sowie Gruppentherapeuten zusammensetzt und sich um die speziellen Belange des Kindes oder Jugendlichen kümmert. Im Alltag wird es/er darüber hinaus von einem Team aus Sozialpädagogen, Krankenpflegepersonal und Erziehern begleitet, das Unterstützung leistet bei alltäglich anfallenden Aufgaben, von der Körperpflege bis hin zu Bewerbungen um Ausbildungsstellen.

Mit diesem Angebot hat das Kind oder der Jugendliche die Möglichkeit, während des stationären Aufenthaltes mehr oder auch weniger intensive Beziehungen zu knüpfen, die einer vorübergehenden Patenschaft gleichen. Es/er kann auf der Suche nach neuen eigenen Normen die Wertmaßstäbe der Eltern, der Betreuer und der Gleichaltrigen miteinander vergleichen.

Der Einzeltherapeut bietet einen besonders geschützten Raum an, der das Kind oder den Jugendlichen u.a. unterstützen soll, (wieder) vertrauensvolle Beziehungen zu entwickeln, eigene Problemlösungen zu finden, aber auch die eigenen Grenzen zu erkunden. Mit Hilfe der Familientherapie wird versucht, der ganzen Familie die Möglichkeit zur Übersicht, Reflexion und evtl. auch Änderung im familiären Zusammenleben zu geben.

Durch die gesamte Behandlung zieht sich von Anfang an das Ziel der stufenweisen Wiedereingliederung des Betroffenen in die Familie, die (Heimat-)Schule oder auch außerhalb der

Familie (in eine betreute Wohngruppe, ein Heim, ein Internat). Die Entwicklungsrichtung kann hier gemeinsam mit dem Kind/Jugendlichen, seiner Familie und gegebenenfalls dem Jugendamt erarbeitet werden.

Nach unserer Erfahrung ist die Notwendigkeit einer Wiederaufnahme von Kindern und Jugendlichen davon abhängig, welche Art von Erkrankung vorliegt, welche neuen Lösungsmöglichkeiten mit der Familie erarbeitet werden konnten, ob letztere dem Entwicklungsstand des Betroffenen angemessen waren. Je schwerer die Erkrankung, je weniger belastbar die Familie und je weniger offen die Beteiligten für notwendige Änderungen sind, desto eher kommt es zu einer Wiederaufnahme. Manchmal ist die Wiederaufnahme auch Ausdruck eines deutlichen Entwicklungsschrittes des Kindes oder Jugendlichen, das/der sich nun aus eigener Initiative mit Hilfe einer stationären Psychotherapie auf die Suche nach neuen Entwicklungsmöglichkeiten begibt.

Manfred entschließt sich, etwas länger in der Klinik zu bleiben. Mit Hilfe von regelmäßigen Familiengesprächen gelingt es, die sich aus der Pubertät und den damit verbundenen veränderten Bedürfnissen, körperlichen und seelischen Verunsicherungen, »Erziehungsaufgaben« der Eltern herauszuarbeiten, Verständnis zu wecken und die der Familie innewohnenden Reserven zur Problembewältigung zu mobilisieren. Manfred übernimmt Aufgaben und Pflichten innerhalb seiner Familie, seitens der Eltern wird bewußter der Bereich seiner ›Privatheit‹ respektiert. In Einzelgesprächen und im Rahmen kreativtherapeutischer Krisenintervention erhält er Unterstützung, sich seiner Möglichkeiten, aber auch Grenzen, bewußter zu werden, auf der Station und in Beurlaubungen kann er sie ausprobieren. Nach zwölf Wochen kann er nach Hause entlassen werden, die Familie setzt ambulant die Familientherapie fort.

Dr. med. Gudrun Ott

Normal –
das sind immer die anderen

Was ist normal? Was ist verrückt?

Gedanken und Erfahrungen von Schülern der Montessori-Hauptschule, des Schloßgymnasiums und der Kollegschule Kikweg in Düsseldorf zu »normal« und »verrückt«.

Verrückt ist für mich
... daß die Menschen unachtsam mit ihrer Welt umgehen
... wenn Menschen umgebracht werden
... wenn Menschen sich umbringen und andere mit hineinziehen
... wenn Männer Frauen vergewaltigen
... wenn man auf andere Menschen losgeht
... wenn Leute jeden Tag zu Hause rumhängen
... wenn Mädchen ihre tollen fünf Minuten kriegen und man nicht weiß, woran man ist
... wenn Menschen wirres Zeug reden oder tun, weil sie psychisch krank sind
... Gameboy spielen
... S-Bahnsurfen
... Krieg führen
... sein Leben aufgeben
... für mich gibt es höchstens im guten Sinn etwas Verrücktes: wenn jemand z.B. einem anderen 100 Rosen schenken würde

Normal ist für mich
... sich dem Alltag anzupassen
... einfach brav und lieb sein
... einfach langweilig sein
... wenn Fortuna verliert
... wenn meine Mutter mich anbrüllt

... wenn ich ausflippe
... wenn jemand nur selten seelische Probleme hat
... wenn jemand so handelt, wie er wirklich ist und sich nicht ver-stellt, nicht ver-rückt

Wenn jemand sagt: »Der ist ja nicht normal«, dann überlege ich immer, was ist normal? Wer ist der Maßstab in unserer Gesellschaft? Für mich gibt es kein »normal«, denn für mich ist jeder »normal«, der seine Meinung »auslebt«, der ganz er selbst ist. Normal ist der, der sich nicht anpaßt! Oder ist der normal, der Markenklamotten trägt mit einer Modellfigur? Ich sage: Wenn es für mich kein »normal« gibt, gibt es für mich auch kein »verrückt«. Oder ist jemand verrückt, der mal ausgelassen über die Straße tanzt? Oder der aus tiefer Trauer, wegen Depressionen und Problemen, von der Brücke runterspringt? Ich würde sagen: NEIN!

Kristin, 14

Man sagt, normal sind die Leute, die das machen, was alle machen, die sich so benehmen, wie alle anderen, und die, die sich so verhalten, wie sich alle verhalten. Verrückt ist alles, was nicht der »Norm« entspricht. Alles, was vom Normalmaß »weggerückt« ist. Ist die Norm denn wirklich der richtige Maßstab? Verrückt ist außergewöhnlich, das Gegenteil des Gewohnten. Das Wort »verrückt« kann man oft hören. Verrückt kann auch etwas Schönes, Lustiges sein.

Heike, 14

Verrückt definiert sich immer von unserer Gesellschaft her. Verrückt ist leider das, was wir nicht annehmen. Verrückt zieht immer gegen den Strom. Verrückt sein, heißt nicht, schlecht sein. Verrückt ist einfach nur anders. Es gibt nette und bescheuerte Verrückte. Aber es gibt auch nette und bescheuerte »Normale«.

Normal heißt nicht gut. Normal heißt angepaßt. Normal ist unauffällig. Normal zieht mit der Menge. Nur Normal wird akzeptiert.

Fabian, 15

Normale Menschen haben meiner Meinung nach keine Besonderheiten, sie sind eben so wie alle. Ich finde, daß es gut ist, etwas verrückt zu sein. Allerdings gibt es auch die Verrückten, die nicht mehr wissen, was sie tun. Diese sind dann vielleicht auch gefährlich und sollten im Extremfall besser in einer Anstalt leben, da sie die Öffentlichkeit gefährden könnten. Aber ich meine, verrückt zu sein, ist schön, eben anders und nicht normal! Ich bin ja selber etwas verrückt!

Stefanie, 15

NORMAL, das sind nur die anderen. Viele wollen normal sein, und keiner schafft es. Normal ist, wenn die Sonne scheint, der Regen weint, der Wind an den Bäumen rüttelt und der Mensch... das ist normal. Normal ist der, der tut, was »man« tut.

VERRÜCKT ist, wenn die Sonne weint, der Regen scheint, und der Wind an dem Menschen rüttelt. Verrückt ist, wenn man das Leben an sich rütteln läßt. Aber das ist nicht verrückt. Das heißt: zu leben.

Ansgar, 19

Was ist Normal, was Verrückt?
Verrückt: altdeutsch: Ferrückt
Fer/ = Ferrum = Eisen
rück... = Rückgrat
eisernes Rückgrat, eine, im Grunde, stabile Person, die mit zunehmendem Alter – besonders bei vermehrtem Wasserkontakt – anfängt zu korrodieren, oxidieren, für Normalbürger: »verrosten«

Normal: kommt von Normen, oder Norman, Norm (e/a)n, Personenname des angelsächsischen Sprachraums, vorwiegend große, kräftige Menschen mit rotem Haar, sowie Affinität zu Sommersprossen – auch im Winter

P.G. und M.J.

Ich bin in einer Kinder- und Jugendpsychiatrie

Also reden, was das Zeug hält
und darauf achten, daß man bei sich selbst bleibt.

Oh, du geliebte Station

Ab 7.30 Uhr klingeln die Wecker ohne Pause, da ein Wecker, wenn er mal läuft, selten sofort abgestellt wird. Also kommt ein Mitarbeiter, weckt einen und übernimmt das »Abdrücken« des Weckers. Langsam kommt Leben in die Bude: Es wird geduscht oder auch nicht, man wäscht sich oder auch nicht, man frühstückt oder auch nicht. Auf jeden Fall muß man die gute Laune der Erzieher am Morgen aushalten, ignorieren oder dagegen ankämpfen.

Dann Schule. Jetzt geht's erst richtig los. Powern, und das meistens fünf Stunden lang. Wieder auf der Station kommt das Härteste vom ganzen Tag. Das ist nicht der Küchendienst, sondern das Essen. Ja, so wird es tatsächlich genannt. Wir Jugendlichen bezeichnen es mit: »Ihh, bahh!«, »Nicht schon wieder!« oder »Bah, wat is dat lecker!« Ohne Zögern geht das Essen meistens in den Schweineeimer.

Nun ist Ruhe angesagt. Scheiße – aber im Grunde hält sich ja doch keiner dran, sehr zum Leidwesen unserer Erzieher, die vorgeben, Team zu machen, was wir nicht glauben, da immer wieder Lachsalven den Flur erbeben lassen. Dann kommt die »Marter«, die Therapie, oder auch nicht (je nach Ausrede). Also reden, was das Zeug hält und darauf achten, daß man bei sich selbst bleibt. Ist auch gruppenweise erhältlich. Als Gruppen sind vorhanden: Theater-, Koch-, Sport-, Musik-, Therapie- und Kreativgruppe, wobei einige davon Pflicht sind. Einmal die Woche muß sich jeder einer Pflichtgruppe, wie zum Beispiel Schlittschuhlaufen, Spazierengehen, Museumsbesuche, Basteln, Spielen undsoweiter unterziehen. Oh ja, wir haben auch Freizeit, ja, ja!!! Wenn keine Gruppen sind und man Ausgang hat (bis zu zwei Stunden, kann ausnahmsweise verlängert werden), beginnt das Relaxen. Abends, so um 19.00 Uhr, gibt es dann das heißbegehrte Küchengelage. Es wird gebrutzelt, geschmiert oder gefastet, beziehungsweise laut lamentiert, was nun schon wieder auf dem Tisch fehlt, zum Beispiel Butter, Brot, naja. Dann kommt die Telefonkrise. Entweder ist das Telefon ständig besetzt, meistens so zwischen 20 und 21 Uhr, oder es will einfach nicht läuten. Langsam löst sich dann alles auf. Heute wäre es auch mal wieder überstanden. Und morgen geht's weiter. Schnarch.

Bianca, 18

Wie eine grosse Familie

Mein Name ist Patricia, Patientin der Tagesklinik. Ich komme aus Krefeld, bin 17 Jahre alt und besuche die 10. Klasse. Da ich von so weit her komme, muß ich jeden Morgen mit Fahrrad, Bus und K-Bahn anreisen. Dafür brauche ich ca. ein bis zwei Stunden, aber was macht man nicht alles für die Gesundheit. Ist ja auch wichtig.

Unsere Schule liegt im Gelände der Rheinischen Landesklinik Düsseldorf. Es ist keine »normale« Schule, sondern eine Sonderschule für Erziehungshilfe. Eigentlich sind wir eher eine Schule für Kranke, für psychisch Kranke. Wir haben keine Klassen mit 30 Schülern, sondern 4 Gruppen (= Klassen) mit je sechs bis zehn Schülern. Unser Stundenplan und unsere Stunden gleichen, zumindest auf dem Papier, denen anderer Schulen. Wir haben natürlich für uns bestimmte Lehrer (wirklich klasse Lehrer!). Leider gibt es, solange die Schule besteht, immer zu wenig Lehrer und zu kleine Klassenräume.

Wenn die Schule um 12.20 Uhr aus ist, gehen wir entweder auf die Stationen oder in die Tagesklinik. Je nach dem. Ich gehe in die Tagesklinik. Meistens muß ich gleich nach der Schule den Tisch decken oder das Essen auspacken, so wie wir montags in der Gruppe eingetragen worden sind. Um 12.30 Uhr gibt es immer Essen, bei dem alle anwesend sein müssen. Danach können wir machen, was wir wollen. Entweder lesen, spielen, malen, auch Hausaufgaben machen oder sonst was, ach ja, auch schlafen. Für alles haben wir bestimmte Räume.

Jeden Montag um 15.30 Uhr haben wir Gruppe. Hier wird besprochen, was in der kommenden Woche gemacht wird. Ob wir zum Beispiel Schwimmen gehen oder ob Billard gespielt wird. Mittwochs ist Kochgruppe, das heißt, wir kochen das

Essen selbst (sonst wird es von der Klinikküche angeliefert). Auch werden Probleme der einzelnen besprochen.

Die Tagesklinik kann man wie eine große Familie betrachten: Erzieherin Jutta (Mutter), Sozialpädagoge Theo (Vater), Zivildienstleistender Stefan (großer Bruder) und die Patienten (Kinder).

Jeder von uns hat Therapie, die natürlich eingehalten werden muß (höchstens, man entschuldigt sich höflich). Ich zum Beispiel habe jeden Tag Therapie, andere zwei- bis dreimal die Woche, je nach dem, das ist bei jedem anders. Nach der Therapie machen wir Hausaufgaben oder gemeinsam Spiele. Unsere Spielrenner sind Carom und Backgammon. Alle halbe Jahre machen wir eine Carom- und eine Backgammon-Meisterschaft. Macht riesig Spaß.

So, dann ist es auch bald 16.30 Uhr, und wir können nach Hause fahren. Eigentlich ist es doch ein schöner Alltag.

Patricia, 17

Wildpark

Es ist Sonntag, der Tag der Familie. Eltern und Geschwister wagen sich in die heiligen Hallen der Kinder- und Jugendpsychiatrie. Man beschließt, in den Wildpark zu gehen, um wenigstens etwas Kultur und Natur beizubehalten. Es scheinen viele Familien auf diesen Gedanken zu kommen, und so trifft man alle möglichen Leute.

Da gibt es zum Beispiel die berühmten Prolls in ihren Sonntagsjogginganzügen, die sich am liebsten die »supergeilen« Füchse anschauen, um eventuell des Nachts den Schwanz von dem armen Tier abzutrennen und ihn an die Antenne ihres Mantas zu hängen.

Auch die Reichen lassen sich blicken und zeigen im Wildpark ihre Ernte des Gehalts. Auch sie wollen die Natur erleben. Schade eigentlich, daß sie die »Viecher« nicht von Steifftieren unterscheiden können. Na ja, es reicht ja, wenn man weiß, daß der neue Pelzmantel aus Nerz hergestellt wurde.

Spießer gibt es auch dort. Das Ehepaar mit zwei Kindern, das krampfhaft versucht, seinen Sprößlingen etwas über die Herkunft und Lebensweise der Tiere zu erzählen. (Der Versuch scheitert leider, aber man kann es ihnen nicht übelnehmen. Man wird ja schließlich nicht jünger.)

Der Umgang mit Tieren und der Natur ist wirklich nett! Es werden Müllkippen hinterlassen, die man als moderne Kunst oder Verschönerung der Natur ansehen könnte.

Das Seniorenpaar bringt ein paar Kuchenstücke des letzten Kaffeeklatsches mit. »Na, du Süßer. Schau mal, was die Omi dir mitgebracht hat...« (Hier könnte es ein Mißverständnis geben: Das Angebot gilt nicht etwa einem Enkel, sondern einem Wildschwein.)

Man begegnet auch Alleinstehenden, die hier vielleicht den Partner ihres Lebens suchen. Sie kommen mit anderen JunggesellInnen vor dem Käfig der Waschbären zufällig ins Gespräch. Thema: Waschbären natürlich (Originelle Methode!).

Dann tauchen noch die »normalen« Ehepaare auf, die sich wohl für die freilaufenden Hirsche interessieren. Hysterische Schreie der Frau, als ein Hirsch auf sie zukommt. Der Retter in der Not verscheucht das Wild mit einem Stock. (Der Mann scheint ein außerordentliches Herz für Tiere zu haben.)

Nach einer dreiviertel Stunde verlassen die Besucher den Park wieder. Dieser außerordentliche Kulturtag reicht erst mal für die nächsten Monate. Also, raus aus dem Wildpark; zurück auf die Station!

Julia, 19

Wenn Wut und Trauer wachsen

Häufig gerate ich in eine Situation, in der ich eine hilflose Wut bekomme. Es fängt meistens damit an, daß ein paar Tage bei mir alles verkehrt gelaufen ist. Ich werde traurig und denke über mein Leben nach. Trauer und Wut wachsen. Wie soll ich mich wehren? Weinen kann ich dann meistens nicht, denn meine Wut ist zu groß.

Vor Klassenarbeiten ist es besonders schlimm, ich bin dann meistens so hilflos, daß ich mich abreagieren muß. Wenn ich mit mehreren Menschen Ärger hatte, fühle ich mich einerseits hilflos und traurig, auf der anderen Seite wächst meine Wut ständig. Ich versuche oft, mich mit Musik abzureagieren. Ich höre dann ganz ruhige Lieder und versuche zu weinen. Klappt das nicht, schlägt die Traurigkeit in eine Wut um, die ich nicht beschreiben kann. Wenn es nicht ganz so schlimm ist, dann schmeiße ich »nur« Sachen durchs Zimmer, die nicht kaputt gehen können. Anschließend kann ich endlich heulen, so richtig krampfartig. Ich merke danach, wie sich die Anspannung in mir langsam löst, und ich werde wieder ruhiger. Wenn es aber sehr schlimm ist, gehe ich sogar auf Personen los, wenn sie mich ansprechen. Ich kenne mich dann selbst nicht mehr. Äußerlich mache ich eher einen zarten, schwachen Eindruck, doch wenn ich wütend bin, kann ich meine Umgebung sehr schnell vom Gegenteil überzeugen. Jedesmal, wenn ich auf eine Person losgehe, tut es mir später leid. Wenn ich früh genug merke, daß mich diese Wut packt, versuche ich, mich mit Laufen abzureagieren, doch das geht nicht immer.

Ich hasse mich dafür, daß ich manchmal die Kontrolle über mich verliere. Es ist dann so, als würde mich jemand anderes steuern, als wäre ich in meinem eigenen Körper gefangen. Ich kann mich in dieser Situation nicht gegen mich selbst wehren. So ein Ausraster kann sehr lange dauern. Unter Kontrolle habe ich mich erst wieder, wenn ich mich ausgeheult habe.

Ob die anderen mich wegen dieser Aggressionsausbrüche genauso hassen wie ich mich selbst?

Corinna, 16

Wenn es explodiert

Für jemanden, der es nie so extrem erlebt hat, ist es wohl kaum vorstellbar, wieviel Kraft und Energie, Haß, Wut und Aggression in einem einzigen jungen Menschen stecken können.

Meistens herrscht schon an den Tagen vorher eine furchtbar stickige Luft auf der Station. Fast alle sind übellaunig, reagieren gereizt, es gibt viel Streß unter den Patienten, auch die Mitarbeiter sind angespannt. Jeder nervt jeden, Mißverständnisse häufen sich, man kommt sich unverstanden und allein gelassen vor. Oft bleibt das drohende Gewitter bzw. die Explosion aus. Das finde ich dann einerseits angenehm und erleichternd, denn jeder hat schon an seinem eigenen Päckchen zu tragen, aber andererseits ist nach einem Gewitter bekanntlich die Luft sauber. Ich wünschte mir manchmal, mehr »Dampf« ablassen zu können und nicht immer alles in mich hineinzufressen. Dann wiederum versuche ich lieber, meine Aggressionen anders, z.B. in der Therapie oder durch Sport, abzubauen.

Niemals werde ich vergessen, wie ein Mädchen, klein, zierlich, erst elf Jahre alt, dermaßen ausgerastet ist, daß es sieben Betreuer bedurfte, um für Ordnung zu sorgen. Sie fing an zu brüllen und zu kreischen und steigerte sich dann zu einem Tobsuchtsanfall. Innerhalb kürzester Zeit war die Station in Einzelteile zerlegt, kein Tisch war mehr an seinem Platz, kein Bild an der Wand, Scheiben gingen zu Bruch, Kleider wurden zerfetzt, Pflanzen zerrupft.

Weil mich diese Explosion sehr beunruhigte bzw. mir Angst machte, wollte ich mich eigentlich in mein Zimmer zurückziehen, andererseits wollte ich natürlich nichts verpassen.

Vier Betreuer drückten das Mädchen zu Boden, das sich wehrte, schrie und strampelte, und das um so stärker, als die

Rede auf Beruhigungsmittel kam. Ich weiß nicht, ob die Ärztin es schaffte, ihr die Spritze zu geben, irgendwann war Ruhe, eine vorsichtige Stimmung machte sich breit. Ein wenig war auch Erleichterung zu spüren. Eben, wie nach einem Gewitter. Fast hatte ich das Gefühl, es hat allen gut getan, das Mädchen hat genau das gemacht, was fast jeder von uns sich in dieser Situation gewünscht hat. Die Luft war wieder sauber, die Spannung war raus, aber zurück blieben ein Haufen Scherben und ein schaler Nachgeschmack. Dabei muß ich noch erwähnen, daß unsere Station neu ist und wir das neue Mobiliar und die schönen weißen Wände zu schätzen wissen.

Und immer wieder sehe ich ihre Augen vor mir, die vollkommen abwesend mit wilder Verrücktheit unter verschwitzten Haarzotteln hervorblitzten. So viel Haß, Mißtrauen und Enttäuschung sprachen aus ihnen, daß ich auf einmal wußte, daß es nicht nur ein kleiner Ausraster war. Sie schrie all ihre Enttäuschung, ihre Wut und ihre Trauer über die Ablehnung ihrer Eltern, über ihre miserable Kindheit heraus. Sie war nicht mehr mit Worten erreichbar, es war, als hätte sie sich in Trance getobt. Welche Energie in so einem kleinen Menschen steckt, und welch tiefe Schmerzen sie empfunden haben muß!

Weil ich ein Mensch bin, der einfach nicht ausrasten kann, bewundere ich es sogar, wenn jemand seinen Gefühlen so deutlich Ausdruck geben kann. Auf jeden Fall wird mir in solchen Situationen immer wieder bewußt, wo ich eigentlich bin; nämlich nicht in einer Jugendherberge oder Ferienfreizeit, sondern in der Psychiatrie, und wir alle sind hier, weil es uns nicht gut geht. Über den Aktivitäten, bei Sonnenschein, beim Flapsen mit den anderen vergißt man leicht, wo man sich befindet.

Und wenn dann jemand so explodiert, fühle ich, daß ich auch toben und schreien will, so lange, bis endlich alles gut ist, bis ich aus der Klapse und frei und fröhlich bin.

Jennifer, 18

Julia, was bist du heute so destruktiv!

Ich war recht lange auf der Station, und das Resümee dieser Zeit ist, daß ich jedem von einer stationären Behandlung abraten würde.

Mir ist aufgefallen, daß die Entlassung eines Patienten abhängig ist von der Fähigkeit, sich anzupassen, nicht von der »Heilung«. Hier geht es nur darum zu funktionieren, dann hat man zumindest nach außen hin keine Störung mehr. Es ist ziemlich schade, daß diese totale Institution nicht zuläßt mitzuarbeiten, damit die Probleme gelöst werden. Diverse Gruppen, wie z.B. Therapiegruppe, Koch- und Kreativgruppe sind eher langweilig und für die meisten nur Zwang.

Die ständige Beobachtung unterstützt nicht die Stabilisierung, sondern macht eher Angst, vielleicht auch aggressiv. Man verhält sich dann am besten gar nicht, um abstrakten Interpretationen zu entweichen, was wiederum zur Folge hat, daß man undurchsichtig ist – ein beliebtes Wort der Mitarbeiter – und so erst recht einen Grund zum Aufenthalt gibt. Und anstatt einer Perspektive ins Auge zu sehen, realisiert man lieber die Flucht.

Auf der ersten Station, auf der ich mit Unterbrechung zwei Jahre war, fiel mir das ganz besonders auf. Mein konsequentes Schweigen verschlimmerte meine Situation immer mehr. Obwohl es nun schon einige Zeit her ist, überfällt mich der Haß bei einigen Erinnerungen noch immer mit derselben Intensität. Mit provozierenden Fragen sollte ich zum Sprechen gezwungen werden. Da ich mich auf solch eine Taktik nicht einließ, statt dessen des öfteren gegen die Regeln verstieß, verfestigte sich die Situation immer mehr, bis ich zum Schluß nur noch die nervige Patientin war. Meine Bezugsbetreuerin saß mir z.B. lächelnd gegenüber und meinte: »Na, du elitäre Kuh.« Fünf

Minuten später sagte mir dieselbige im Team: »Julia, rede doch mit uns, wenn es dir schlecht geht. Dafür sind wir doch da.« Meine Faust wollte dieses Gegenüber am liebsten schlagen. Doch bevor interpretiert werden konnte, daß ich anscheinend ganz schön aggressiv bin und besser Beruhigungsmittel nehmen sollte, beließ ich es beim Wunsch. Ich schaute über den »kleinen« Zwischenfall hinweg. Einige Tage später ging ich zu einem Mitarbeiter, um ihn etwas Sachliches zu fragen. »Julia, das wurde doch schon tausendmal besprochen. Jetzt geh wieder.« Ich hatte meinen Satz noch nicht ganz beendet, da hatte mich mein lieber Bezugserzieher auch schon wieder rausgeschmissen. Wahrscheinlich hatte er mehr Lust, sich mit seinem Kollegen übers Wetter zu unterhalten.

Als ich erneut nach einer Entlassung aufgenommen wurde, bekam ich einen neuen Bezugserzieher, eines neuen Anfangs wegen. Dieser gab mir unterschwellig zu verstehen, daß ich schon chronische Züge annähme und es eh hoffnungslos sei. Solche Standardsprüche wie »Julia, gib die Hoffnung doch nicht auf. Sieh doch mal die positiven Seiten des Lebens...« »Julia, was bist du denn heute so destruktiv?« verwendet man immer, wenn einem nichts Besseres einfällt. Ich bekam dann noch von anderen Mitarbeitern Sprüche zu hören wie: »Da, wo Julia ist, ist immer die Tür zu, hä!«, »Du bist echt dööfer als ich dachte«, usw. Man gab mir das Gefühl, die verblödete Patientin zu sein, die die ganze Sache eh nicht einschätzen kann. Ich wurde aufgrund meiner Wortkargheit natürlich interpretiert und psychologisch analysiert. Das konnte mein Arzt besonders gut, denn irgendwas muß man ja schließlich in diverse Berichte schreiben. So bekam ich beispielsweise Melleril aufgrund meiner Stimmungsschwankungen. Meine Motorik, meine Mimik schienen nicht mehr zu existieren. Ich war gedämpft, hatte den Zustand eines wandelnden Phantoms erreicht. Dem Arzt dies verständlich zu machen, war zwecklos. »Eh, Julia, du hast dich die ganze Zeit schon so gefühlt, das wird jetzt nur klarer. Das Medikament wird nicht abgesetzt. Schau dir Dirk an, dem geht es prächtig damit.« Da es mir so wichtig war, das Psychopharmakon abgesetzt zu bekommen, versuchte ich es abermals mit Gesprächen. Ich wurde immer direkt abgeschmettert, und es gab keine Diskussion. Daraufhin wollte ich verweigern und mußte in die Visite. »Falls du es nicht nimmst, darfst du dir ganz demokratisch die linke oder die rechte Pobacke aussuchen.« Schon wieder hatten meine Fäuste den Drang zuzuschlagen. Doch es hätte nur die Notwendigkeit der Medikamente bestätigt. Der Gedanke, unverstanden zu sein, breitete sich immer mehr aus. Jetzt schwieg ich erst recht, und ich konnte es auf der Station nicht mehr aushalten.

Ich wurde schließlich rausgeschmissen, (schonend Tapetenwechsel genannt) und kam auf die Nachbarstation. Und obwohl die Maßnahmen anfänglich blieben, gab es dort ein paar Mitarbeiter, die mir das Gefühl geben konnten, ein Mensch mit einer Krise zu sein und nicht ein theoretischer, diagnostizierter Fall. Die Anonymität verschwand mit der Zeit, und nun konnte ich auf natürliche Weise austauschen, ja sogar emotional sein, ohne Angst zu haben, es könne eine Interpretation aus den Sternen daraus werden. Mich wunderte es sogar, wenn sie mir manchmal etwas über sich erzählten, da ich auf der Nachbarstation oft das Gefühl hatte, es wäre ein Verbot. Bei diesen Mitarbeitern hatte ich das Gefühl, verstanden zu sein. Sie waren auch emotional bei der Arbeit, keine verbissenen Theoretiker. Es ist äußerst schade, daß es an solchen Mitarbeitern schrecklich mangelt! Durch diese Unterstützung ist es mir dann doch gelungen, entlassen zu werden. Mir ist das »normale« Leben doch um einiges lieber, und falls ich mal etwas schlechter drauf bin, lasse ich mich lieber von Freunden »therapieren«. Ich hoffe nur, daß mich die Psychiatriekarriere gedanklich immer mehr verläßt und auch der Haß bei einigen Erinnerungen mit der Zeit verschwindet. Wohl an denn, Herz, nimm Abschied und gesunde...

Julia, 19

Therapie – alles nur Gerede?

Was, ich? So'n Quatsch! Ich bin doch nicht verrückt. Zum Psychologen gehen nur Kranke. So habe ich reagiert, als mir von einer Bekannten zum ersten Mal der Vorschlag gemacht wurde, mich einer Therapie zu unterziehen. Dabei dachte ich in den üblichen Klischees: Doktor im weißen Kittel, Hollywood-Schönchen in der Midlife-Crisis, Theoretisieren und Verkomplizieren von allerkleinsten Problemen, verpackt in fachmännisch klingende Psycho-Sprache, zerstückelt, zerredet, zerrissen.

Damals war ich zwölf und wußte kaum, wie man Psychologie schreibt. Um so mehr erschreckt es mich heute, daß die meisten Menschen, auch reiferen Alters, genau diese Meinung haben und sich nur schwerlich davon abbringen lassen.

Ich mache nun seit drei Jahren Therapie, erst ambulant, dann stationär, kenne Einzel-, Gruppen und Familiengespräche, Rollenspiele und Situationsdarstellungen. Auch mich überkommen noch heute manchmal Zweifel: Dieses Gerede bringt sowieso nichts! Psychologen lesen alles nur in Büchern, können nichts nachvollziehen! Alles wird in »Frage« gestellt. Warum darf ich nicht einfach so sein, wie ich bin? Mache ich mir vielleicht Probleme, wo gar keine sind? Geht's anderen nicht viel schlechter? Auch Ärger kommt oft auf, wenn ich das Gefühl habe, nicht genug Hilfe zu bekommen. Psychologen sagen ja nie etwas Definitives auf eine Frage, alles muß man selbst erarbeiten. Es gibt zwar Gespräche, nach denen ich zuerst das Gefühl habe, meine Zeit verschwendet zu haben, doch oft kommt irgendein Prozeß in Gang, und die Wirkung zeigt sich erst später. Auf jeden Fall war ich anfangs selbst erstaunt, was sowohl Familien- und auch die Einzeltherapie alles bewirken.

So viel sogar, daß einige meiner Familienmitglieder nicht weitermachen wollen; es sei ihnen zu viel und zu nah, was da passiert. Ich sehe es als Chance.

Eine ganz andere Art der Therapie sind die Musik-, Mal-, Kreativ-, Arbeits- und da speziell die Gartentherapie. Was für viele Freizeitbeschäftigung ist, kann, mit einem erfahrenen »Anleiter« dabei wirklich schon Therapie sein. Zum Beispiel kann man in der Musik-, Mal- und Kreativtherapie auf ganz anderen Wegen seine Gefühle oder sich selbst ausdrücken. Auch entdeckt man da vielleicht ganz neue Fähigkeiten an sich selbst und hat kleine Erfolgserlebnisse. Oder die Gartentherapie: Es kann so glücklich machen, an der Entwicklung einer Pflanze vom Umgraben, übers Säen, Pikieren, Gießen, bis hin zum Ernten teilzuhaben oder aus einer langweiligen Wiese ein Blütenmeer zu zaubern, oder einfach in der Sonne zu sitzen, Schmetterlinge, Frösche und Vögel zu beobachten. Die Arbeitstherapie sehe ich allerdings eher als eine Förderung für wirklich Schwerkranke. Ich habe mich dort absolut unterfordert, überflüssig und einfach nur beschäftigt gefühlt. Da gibt mir eine Malstunde oder ein langer Spaziergang mehr.

So gibt es vom Tanzen bis zum Theaterspielen die verschiedensten Arten von Therapien, eben für jeden etwas, denn jeder ist ja auf seine Art ver-rückt. Ich glaube, daß solche Therapien auch »normalen« Menschen gut täten.

Jennifer, 18

Wegen der Balance...

In den bisherigen Beiträgen über das Leben in der Psychiatrie wurden fast ausschließlich die guten Dinge gezeigt. Aber wie alles im Leben, hat auch die Kinder- und Jugendpsychiatrie ihre negativen Seiten. Da wir nicht beurteilen können, welche Behandlung bei unseren Mitpatienten erforderlich war, möchten wir nur aus unseren persönlichen Erfahrungen sprechen.

Wir fangen mit der medizinischen Versorgung an. Der wichtigste Teil der Behandlung war aus Sicht der Ärzte wohl die Medikamentenverordnung. Wir streiten nicht ab, daß es in einigen Situtionen notwendig war, den Jugendlichen Psychopharmaka zu verabreichen. Jedoch erschien es uns oft so, daß es für alle Verantwortlichen die bequemste Lösung war, um die Patienten unter Kontrolle zu halten und die – aus unserer Sicht – heilenden Gefühlsausbrüche zu unterbinden. Manchmal werden dadurch körperliche Beschwerden oder Verletzungen zu spät ernstgenommen. Eine von uns z.B. wurde 24 Stunden mit starken Magenschmerzen sich selbst überlassen. Nach der Einlieferung in ein Krankenhaus stellte man Magenblutungen fest.

Weder unsere Eltern noch wir beide wurden jemals darauf aufmerksam gemacht, daß auch die »schwachen« Neuroleptika (Atosil, Melleril...) sehr schnell zu einer Abhängigkeit führen. Die Folgen der seelischen Abhängigkeit konnten bis heute nicht restlos beseitigt werden. Eine von uns mußte sogar einen körperlichen Entzug machen. Wenn wir aufgrund von belastenden Nebenwirkungen Zweifel äußerten, wurden diese als reine Fiktion abgetan.

Was viele Leute nicht wissen, ist, daß die normale Wirkung eines einfachen Schmerzmittels durch die regelmäßige Einnahme von Psychopharmaka stark vermindert wird. Dieses taucht schon bei den alltäglichsten Dingen auf, wie z.B. einer zahnärztlichen Behandlung.

Der nächste Punkt, den wir ansprechen wollen, ist die psychologische Betreuung. Was uns persönlich immer wieder zurückgeworfen oder geschadet hat, war der häufige Therapeutenwechsel (pro Jahr ca. drei Therapeuten): Da die Arbeitsweise eines jeden Therapeuten verschieden ist, bedeutete es für uns jedes Mal eine große Umstellung. Wir mußten uns nicht nur an eine neue Therapie, sondern auch an einen anderen Menschen gewöhnen. Und wir mußten den Therapeuten akzeptieren, den wir zugewiesen bekamen, selbst wenn wir weder mit der Therapieform noch mit dem Menschen zurechtkamen.

In der Kinder- und Jugendpsychiatrie war es auch regelmäßig so, daß Zivis dort ihren Dienst ableisteten. Wir fanden es nicht sehr vorteilhaft, daß Leute ohne jegliche fachliche Kompetenz auf einer Akutstation für psychisch kranke Jugendliche arbeiteten, obwohl wir einige sehr mochten.

Wir fragten uns oft, ob die Leitung der Kinder- und Jugendpsychiatrie die zeitweiligen Mißstände im psychologischen wie pädagogischen Bereich nicht mitbekam, oder ob es ihr ganz einfach egal war.

Pamela und Annette, beide 19

Meine Erfahrungen mit Psychopharmaka

Bei psychischen Problemen gibt es leider keine Wunderheilung, bei der man von heute auf morgen all seine Probleme los wird. Auch gibt es keine Tablette, die alle Probleme sofort löst. Es gibt allerdings Medikamente, sogenannte Psychopharmaka, die manchmal notwendig sind, um zum Beispiel jemanden ruhig zu stellen oder die Symptome einer Psychose zu bekämpfen.

Ich selbst hatte lange Zeit furchtbare Angst vor Medikamenten und habe mich gewehrt, überhaupt welche zu nehmen. Ich dachte, daß ich durch die Medikamente nicht mehr ich selber bin. Irgendwann ging es mir aber so schlecht, daß ich überhaupt nicht mehr zur Ruhe kam. Zu diesem Zeitpunkt war ich mit allem einverstanden – auch mit Medikamenten. Und so bekam ich von meinem Psychiater Fluanxol als Depot-Spritze und später auch Atosil. Von dem Fluanxol habe ich gar nichts gemerkt, und von dem Atosil bin ich abends nur müde geworden, so daß ich nicht mehr ein bis zwei Stunden wach im Bett lag, bevor ich einschlief. Als ich dann hier in die Kinder- und Jugendpsychiatrie eingewiesen wurde, sind erstmal – entgegen allen Vorurteilen – alle Medikamente abgesetzt worden. Ich bekam erst wieder Medikamente, als ich suizidal war. In dieser Zeit bekam ich Neurocil in relativ hoher Dosierung. Mit diesem Medikament habe ich weniger gute Erfahrungen gemacht: Ich habe nichts mehr richtig auf die Reihe bekommen und konnte nur noch schlafen. Auch hatte dieses Beruhigungsmittel bei mir unangenehme Nebenwirkungen: Ich konnte nicht mehr richtig gehen – meine Füße sind mir immer weggeknickt – und ich konnte nicht mehr richtig sprechen. Ich hatte Angst, daß diese Nebenwirkungen nie mehr weggehen. Die Medikamente wurden aber sehr schnell wieder abgesetzt.

Jetzt bekomme ich schon seit gut vier Monaten wieder Atosil und kann damit gut leben, vor allen Dingen aber gut schlafen. Allerdings reagiert jeder Mensch anders auf Medikamente. So erlebe ich auf der Station Patienten, die Medikamente gegen die Symptome einer Psychose bekommen und dadurch ganz apathisch werden. Die Medikamente erzielen keine endgültige Heilung, sondern unterdrücken nur die Symptome. Die wirkliche Heilung erfolgt durch die Therapie.

Sandra, 19

Das Mädchen von der Tankstelle

An einem Sonntag wollten meine Mutter, mein Onkel und ich einen kleinen Ausflug machen, weil ich Wochenendurlaub hatte. Meine Familie wollte mir etwas Gutes tun. Vielleicht bereitete mein Psychiatrieaufenthalt meiner Mutter doch einige Schuldgefühle.

Wir fuhren zunächst zur Tankstelle. Irgend etwas funktionierte mit der Technik nicht, also bin ich zum Tankwart gegangen. In dem Häuschen sah ich plötzlich einen jungen Mann – mir stockte fast der Atem. Dieser Mann, diese Augen, ich konnte es nicht glauben; ich dachte, ich sterbe. Das muß Liebe auf den ersten Blick gewesen sein. Er muß die gleichen Gefühle wie ich gehabt haben, denn er war völlig verdutzt, doch er reagierte schnell und fragte nach meinem Namen. Mit Mühe und Not brachte ich meinen Vornamen heraus. Die Knie zitterten mir. Danach lief ich schnell wieder zu meinem Onkel und setzte mich in das Auto. Die ganze Zeit mußte ich nur an ihn denken. Von unserem Ausflug hatte ich nicht besonders viel. Später habe ich mich bei meinen Freunden nach ihm erkundigt, aber keiner kannte ihn.

Am folgenden Wochenende ging ich in meine Stamm-Pizzeria. Der Chef bat mich, dort auszuhelfen. Ich tat es nur mit Widerwillen. Ich ging an einen Tisch, um den Gästen die Speisekarte zu bringen. Da sah ich ihn. Mir fiel vor lauter Schreck fast die Speisekarte aus der Hand. Ich zitterte am ganzen Körper und wollte weglaufen. Er hielt mich fest und sagte: »Bist du nicht das hübsche Mädchen von der Tankstelle?« Ich war in diesem Moment unbeschreiblich glücklich. Wir verabredeten uns und verbrachten einen wunderschönen Abend zusammen. Auch am folgenden Tag konnten wir uns nicht trennen. Leider mußte ich wieder zurück in die Klinik. Natürlich sagte ich ihm nichts von meinem Psychiatrieaufenthalt. Da er darauf drängte, mich anzurufen, mußte ich mir schnell eine Notlüge einfallen lassen.

Wir mußten eine Woche warten, bis wir uns wiedersehen konnten. Dann trafen wir uns wieder. Wir waren beide sehr glücklich, gingen ins Kino, spazieren und anschließend gemeinsam essen. Dieser Tag, so dachte ich, sollte niemals enden. Weil wir uns so gut verstanden, wollte ich nun nicht mehr länger die Wahrheit verschweigen. Natürlich klopfte mein Herz bis zum Hals, obwohl ich mit einer verständnisvollen Reaktion von ihm rechnete. Ich sagte: »Ich bin in einer Psychiatrie«, da rastete er völlig aus. Er sprang auf, schrie laut, so daß alle Leute zu uns guckten: »Mit VERRÜCKTEN will ich nichts zu tun haben!« und verschwand. Mir blieb nichts anderes übrig, als auch sofort das Restaurant zu verlassen. Heulend, ohne Geld und völlig verzweifelt stand ich da in einer fremden Stadt. Irgendwie bin ich dann doch noch nach Hause gekommen.

Zu Hause war ich wie gelähmt, seelisch und körperlich. Ich wollte einfach nicht glauben, daß ein Mensch so reagieren kann, nur, weil ich vorübergehend wegen einiger Probleme in einer Psychiatrie bin.

Merle, 16

War es Liebe?

Mitte September kam ich in die Tagesklinik der Kinder- und Jugendpsychiatrie und zugleich auch in diese Schule. Ich kannte hier keinen, fand aber schnell Freunde. Nach etwa einer Woche fiel mir ein Mädchen besonders auf. Sie war hübsch und sehr freundlich. Wir unterhielten uns öfter und verstanden uns auf Anhieb. Sie schrieb mir einen Brief. Ich schrieb ihr zurück. In dem dritten oder vierten Brief, den ich ihr schieb, fragte ich sie, ob sie mit mir gehen möchte. Sie antwortete überglücklich mit: »Ja.«

Am Anfang lief in unserer Beziehung alles super. Aber nach ein paar Wochen fingen die Probleme an. Wenn sie schlecht gelaunt war, und ich sie fragte, was mit ihr los sei, sagte sie nur, ich solle sie in Ruhe lassen. Das war auch nicht schlimm, nur, was ich von ihr nie gut fand, war, daß sie nie mir ihre Sorgen mitteilte, sondern einem Freund von uns beiden. Dieser erzählte mir dann, was sie bedrückte.

Sie war immer öfter mit ihm zusammen und erzählte ihm ihre Probleme. Ich spielte immer wieder mit dem Gedanken, Schluß zu machen, was ich andererseits nicht wollte. Ich versuchte, unsere Beziehung zu retten. Ich fing an, mehr mit ihr zu unternehmen. Was nicht ganz einfach war, da sie auf der Station war. Wir fuhren zum Flughafen, den sie noch nicht kannte. Aber unser schönstes Erlebnis war ein Besuch in der Oper. Wir sahen das Stück »Giselle«. Gegen sechs Uhr holte ich sie von zu Hause ab. Sie sah super aus. Nach der Vorstellung brachte mein Vater uns nach Hause. Wir verabschiedeten uns mit einem Kuß. Aber schon an diesem Abend stand für mich fest, daß in unserer Beziehung nicht mehr viel zu retten war, und daß wir uns trennen müßten. Am nächsten Tag ging ich mit ihr in der Pause in einen Klassenraum, um ihr meinen Entschluß mitzuteilen. Auch wenn es mir nicht leicht gefallen ist, ich sagte ihr: »Ich mache Schluß.«

Es gab zwei Gründe für mein Schlußmachen: 1. Wie gesagt, weil sie mir nie etwas anvertraut hat. 2. Schon ziemlich am Ende unserer Beziehung lernte ich ein anderes Mädchen kennen, mit dem ich aber nie etwas anfing.

Ich fand, dies war eine ziemlich »traurige Liebe«. Ob das wohl an der Klapse lag?

Peter, 15

Enttäuschung!!!

Im November kam ein gutaussehender Junge zu uns. Ich war schon über ein Jahr auf der Geländeschule und solo. Wir kamen sofort ins Gespräch. Nach ungefähr zwei Wochen fingen wir an, uns Briefe zu schreiben. Eigentlich fand ich ihn ganz süß. Dann kam der Tag, an dem er mir einen Brief gab, in dem er fragte, ob ich mit ihm gehen wolle. Natürlich wollte ich! Wir sahen uns jeden Tag in der Schule. Es war einfach wunderbar! Wir hofften beide, daß diese schöne Zeit nie zu Ende ginge. Ich dachte die ganze Zeit nur an ihn. Er war wirklich mein absoluter Traumboy. Er zeigte mir sehr viel (z.B den Flughafen, den ich noch nicht kannte).

Eines Tages bekam er von seiner Oma zwei Karten für die Oper. Ich freute mich wirklich, denn in der Oper war ich noch nie. Jeden Tag schaute ich auf den Kalender und konnte es kaum erwarten. Am 24.6.93 war der Termin für die Oper. Ich zog mein lila-farbenes Lambadakleid an und schaute die ganze Zeit nervös auf die Uhr. Um Punkt halb sechs stand er auch schon vor der Tür. Es war wirklich ein großartiges Erlebnis. Gegen 22 Uhr holte uns sein Vater ab und fuhr mich nach Hause. Es gab einen Abschiedskuß, und ich war im siebten Himmel. Doch was nach diesem Abend geschah, kann ich bis heute nicht begreifen. Am Montag rief er mich in der Pause zu sich. Ich ging fröhlich zu ihm, ich wußte nicht, was mich erwartete.

»Ich mache Schluß«, sagte er so ganz einfach zu mir. Ich dachte, ich hörte nicht richtig. In genau zwei Wochen und zwei Tagen wäre es ein halbes Jahr gewesen. Und ich blöde Kuh hatte zu Hause gesessen und mir die ganze Zeit überlegt, welches Geschenk ich ihm für das schöne halbe Jahr machen könnte. Die Gründe für sein »Schluß machen« waren ganz einfach diese: 1. Ich erzählte ihm meine Probleme nicht. 2. Er verliebte sich in ein anderes Mädchen.

So weiß ich, daß es auch in der Klapse Liebe – aber ohne Happy End – geben kann.

Claudia, 16

Was uns am Herzen liegt

Was uns gefällt

... das Gelände, auf dem sich die Kinder- und Jugendpsychiatrie befindet
... meistens die Therapien
... die meisten Ärzte und Betreuer
... die Aktivitäten auf der Station
... die Schule, die Lehrer und vor allem die Schülerzeitung
... natürlich der Ausgang
... die Kochgruppe
... manchmal das Essen
... unsere Küchenfrauen
... Fernseher, Videorecorder und Stereoanlage
... die Freunde, die man auf der Station gewonnen hat
... daß man, wenn man 18 ist, selbst die Dauer des Aufenthaltes bestimmen kann

Was uns nicht gefällt

... die Medikamente
... die Zimmerruhe
... das unfreundliche Wecken durch die Betreuer
... die Zubettgehzeiten
... der geringe Ausgang
... die ungerechte Behandlung manchmal (z.B., wenn jemand ausrastet, müssen alle darunter leiden)
... der Spüldienst, überhaupt die ganzen Ämtchen
... meistens das Essen
... die Zerstörungswut mancher Patienten
... Blutabnahme und Unrintests in der Tagesklinik
... das sich gegenseitige »Runterziehen«

... die geschlossene Küche zu bestimmten Zeiten
... daß man sich von den Kleineren alles gefallen lassen muß
... daß man vom Patiententelefon nicht nach Hause telefonieren darf
... daß die Stationen zu wenig verschönert werden
... daß man oftmals nicht ernstgenommen wird
... daß man zu sehr kontrolliert wird
... daß alte Freunde, nachdem sie von dem Aufenthalt in der Kinder- und Jugendpsychiatrie erfahren haben, sich abwenden

Der rote Reiter

Ich sah nur noch einen Ausweg:
Schlußmachen mit dem Leben

Hurra, ich lebe noch!

Ich glaube, das Gefühl, gar nicht mehr weiter zu wissen, kennt jeder. Die meisten Menschen werden aber irgendwie mit dieser Situation fertig. Für mich gab es allerdings keinen Lichtblick mehr, keinen Strohhalm, an den ich mich hätte klammern können. Ich sah nur noch einen Ausweg: Schluß machen mit dem Leben!

Das Wie war überhaupt kein Problem. Wegen meiner angeknacksten Psyche war ich bereits in psychiatrischer Behandlung. Ich mußte täglich Schlaftabletten und Beruhigungsmittel nehmen. Insgesamt hatte ich noch siebzig Stück.

Mit den Tabletten in meiner Tasche ging ich an einem Donnerstag aus dem Haus, so als ob nichts wäre. Meine Mutter war schon wach, und ich verabschiedete mich von ihr. Für mich stand der Entschluß fest, es gab kein Zurück mehr. Ich kaufte mir eine Büchse Cola, um die Tabletten besser schlucken zu können. Gegen 10 Uhr begann ich mit der Prozedur. Es war gar nicht so einfach, die siebzig Tabletten in mich hineinzustopfen. Nachdem ich es endlich geschafft hatte, setzte ich mich auf die Parkbank und wartete auf die Wirkung. Etwa eine Stunde später wurde mir ganz schlecht. Mein ganzer Körper geriet außer Kontrolle. Ich fing an zu zittern, ich konnte weder sitzen noch stehen. Es war ein furchtbarer Zustand. Doch ich sagte mir: Du mußt aushalten, es dauert nicht mehr lange, dann bist du befreit. Plötzlich geriet ich in Panik. Mit letzter Kraft versuchte ich, ein bißchen rumzulaufen. Nicht weit von mir war meine alte Schule. Ich wollte noch meine beste Freundin besuchen, aber dazu hatte ich leider keine Kraft mehr.

13 Uhr, also drei Stunden später, hatte meine Freundin Schulschluß. Sie ging immer durch den Park nach Hause. An

diesem Donnerstag kam sie nicht weit – direkt am Parkeingang sah sie mich totenblaß und leblos auf dem Boden liegen. Sie versuchte, mich wach zu kriegen, aber ohne Erfolg. Sie wußte einfach nicht, was sie tun sollte. Nicht weit von der Schule ist eine Kranken-Station, da stehen eine Menge Krankenwagen. Sie entschloß sich also, da hin zu laufen. Völlig außer sich vor Panik, schilderte sie den Leuten die Situation. Diese setzten sich in einen Krankenwagen und fuhren mit meiner Freundin zu mir.

Ich bekam von der ganzen Aufregung nichts mit. Erst als ich im Auto hin- und hergeschüttelt wurde, kam ich langsam zu mir. Der Arzt versuchte, mit mir zu reden, aber ich hatte keine Kraft mehr, ihm zu antworten. Erst nach einigen Minuten bekam ich ein paar Worte raus, aber nur ganz leise. Er fragte mich, ob ich wüßte, wann und warum ich umgefallen sei. Mit schwacher Stimme gab ich ihm zu verstehen, daß ich Tabletten geschluckt hätte.

Die Fahrt im Krankenwagen kam mir sehr lang vor, obwohl es nur ein paar Minuten gewesen sein können. Irgendwann bin ich wieder eingeschlafen. Im Krankenhaus hat man mir den Magen ausgepumpt, das war ein Alptraum. Der Arzt hat versucht, mir den Schlauch in den Hals zu schieben, aber weil das so ein wahnsinniger Schmerz war, habe ich ihn getreten. In dem Moment hat er mich losgelassen, und ich nutzte die Zeit, um den Schlauch aus dem Hals zu ziehen. Ich habe erst mal tief Luft geholt, weil meine Nase total verstopft war. Danach mußte ich brechen.

Nachdem der Arzt mir den Schlauch wieder in den Hals gesteckt hat, dauerte es so um die zehn Minuten, dann war alles vorbei. Kurz danach bin ich auf die Intensivstation gekommen. Dort habe ich nur geschlafen, ich war total fertig. Ich weiß nicht mehr, wann ich wieder aufgewacht bin, es war aber schon ziemlich spät. Da sah ich meine Mutter an meinem Bett stehen. Sie war ganz blaß und weinte und fragte mich immer wieder, warum ich das getan habe. Ich wollte ihr so gerne antworten und sie um Verzeihung bitten, aber ich hatte überhaupt keine Kraft zu sprechen, ich kriegte einfach kein Wort raus. Meine Augen fielen immer wieder zu. Ich weiß gar nicht, wann meine Mutter gegangen ist.

Ich mußte noch einige Zeit zur Beobachtung im Krankenhaus bleiben. Danach kam ich auf die Station der Kinder- und Jugendpsychiatrie.

Eines weiß ich ganz genau, so etwas mache ich bestimmt nicht wieder.

Silke, 17

Madame Tristesse – Wenn Traurigkeit zum Wahnsinn wird

Eigentlich fing alles schon 1981 mit der Scheidung meiner Eltern an. Ich erinnere mich nur noch daran, daß mein Vater plötzlich »weg« war. Bestimmt hat er mir das vorher gesagt, aber mit meinen vier Jahren war ich wohl noch zu klein, um das zu verstehen. Bis ich zehn Jahre alt wurde, hielt ich eine Scheidung für etwas völlig Normales, doch dann wurde mir ganz plötzlich klar, was eine Scheidung eigentlich bedeutet. Diese Erkenntnis überkam mich wie aus heiterem Himmel und brachte mich völlig aus der Fassung. Heulend lief ich zu meiner Mutter und sagte ihr, daß sie sich von meinem Vater auf keinen Fall scheiden lassen dürfe, weil ich das als etwas Bedrohliches empfände. Sie erklärte mir dann, daß es schon längst passiert sei und war sehr verständnisvoll. In den folgenden zwei Jahren passierte nichts Besonderes.

Dann kam der 22. Juni 1989. Ein Tag, den ich niemals vergessen werde, weil er mein Leben völlig umkrempelte. Ich, gerade 13 Jahre alt, fuhr in eine Ferienfreizeit. Den Leiter der Gruppe mochte ich von Anfang an. Es beeindruckte mich, daß er so freundlich und locker mit mir umging. Vielleicht war ich deshalb schon am dritten Tag in ihn verliebt. Schon nach kurzer Zeit wurde es für mich selbstverständlich, Arm in Arm mit ihm zu gehen und immer in seiner Nähe zu sein. Ich glaube, er hat gemerkt, daß ich in ihn verliebt war. Aber anstatt sich von mir abzugrenzen, hat er durch sein Verhalten bewirkt, daß mein Verliebtsein immer größer wurde.

Dann, eines Abends war er nicht wie sonst. Seine Liebenswürdigkeit war wie weggeblasen. Statt dessen stand ein völlig fremder Mann mit einem perversen Funkeln in den Augen zwischen meinen Beinen (ich saß auf einem Tisch) und umarmte mich in einer widerlichen Art und Weise. Obwohl ich mir heute über meine damaligen Gefühle völlig im klaren bin, fällt es mir schwer, das ausführlich zu erzählen. Für mich war es das, was man einen »massiven sexuellen Übergriff« nennt. Am nächsten Tag hatte ich diese Sache aber bereits verdrängt, und so blieb ich weiter in ihn verliebt.

Nach der Freizeit wußte ich nicht, wie ich ohne ihn leben sollte. Es war das erste Mal in meinem Leben, daß sich ein Mann so um mich gekümmert hatte. Vier Monate später machten wir ein Nachtreffen, bei dem er dann plötzlich erzählte, daß er nächstes Jahr umzöge. In diesem Moment fühlte ich mich wie erstarrt. Ich wollte ihm noch so viel sagen, und da steckte mich das Leben plötzlich in eine Tiefkühltruhe, wo jegliche Gefühle verboten waren und ich den Mund halten mußte.

1990 fing auch meine Scheiß-egal-Phase an. Es begann damit, daß ich mich ständig unter Druck gesetzt fühlte, sehr oft weinte und das Gefühl hatte, mich würde eine unsichtbare Macht zerreißen und auffressen. In den ersten drei Monaten des Jahres empfand ich eine unglaubliche, penetrante Traurigkeit, weil ich es nicht kannte, mich in so einem Zustand zu befinden. Irgendwann gewöhnte ich mich an diesen Horrortrip. Ich fing an, mir heimlich Bier zu kaufen und mich zuzuschütten. Meine Mutter merkte nichts davon, weil sie den ganzen Tag arbeiten ging und ich mich die meiste Zeit in meinem Zimmer aufhielt. Durch die Traurigkeit wurde ich für sie unausstehlich, so daß sie gar nicht mehr mit mir umgehen konnte. Mein Stiefvater wußte, daß ich in diesen Kerl verliebt war und machte hin und wieder Witze darüber. Also konnte ich auch mit ihm nicht darüber reden.

Im September 1990 rief ich den Kerl zu Hause an. Nachdem wir uns kurz unterhalten hatten, meinte er, daß wir uns ja mal treffen könnten. Zwei Wochen später holte er mich in Neuss ab, und wir fuhren durch die Gegend und laberten über alles Mögliche. Auf die Idee, ihm von meinen Problemen zu erzählen, kam ich nicht, weil ich so einen »wunderbaren Menschen« nicht mit meinem Durcheinander belasten wollte.

Vorher hatte ich mir in meiner Phantasie ständig ausgemalt, wie es sein würde, ihn wiederzusehen. Aber als es dann wirklich passiert war, lebte ich nur noch in meinen Illusionen. So verlor ich immer mehr den Bezug zur Realität. Ich isolierte mich von der Außenwelt und fiel in ein tiefes, schwarzes Loch. In dieser Zeit muß das Leben an mir vorbeigerannt sein. Mein Dasein wurde immer schmerzhafter, und die Tage verliefen so, daß ich an ihn dachte und mir wie der letzte Dreck vorkam. Es war schon etwas Besonderes, wenn ein Tag verging, ohne daß ich weinte. Na ja, als er sich bei unserem Treffen von mir verabschiedete, hatte er gesagt, er sei im November wieder in Neuss und wolle mich dann anrufen. Natürlich rief er mich nicht an. Warum auch? Schließlich hatte er es nicht nötig, sich mit einer pubertierenden Göre abzugeben. Da ich ihn aber unbedingt wiedersehen wollte, rief ich ihn immer öfter an, und immer hatte er eine andere Ausrede. Irgendwann im Dezember gab ich es auf, hinter ihm herzurennen, und ich rief ihn auch nicht wieder an.

So vergingen die Monate, und meine Schmerzen wurden immer schlimmer. Bis dann der Februar 1991 kam. Ich hatte immer öfter starke Atemnot und das Gefühl zu ersticken. Als das nach ein paar Wochen nicht besser wurde, ging ich zu unserer Hausärztin und beschrieb ihr meinen Zustand. Sie dachte, ich hätte Asthma und schickte mich zur Untersuchung ins Krankenhaus. Die Ärzte stellten jedoch fest, daß ich körperlich gesund sei und meinten, daß das nur psychische Ursachen haben könnte. Im Mai bekam ich chronische Einschlafstörungen und fing an, mir Schlaftabletten zu kaufen. Dann rief ich den Typ doch wieder an. Als ich den Telefonhörer in die Hand nahm, überkam mich plötzlich der Wunsch zu sterben. Also schluckte ich vier Tabletten und hoffte, nach dem Gespräch aus dieser Welt zu verschwinden. Am Telefon sagte ich ihm, daß ich ihn liebte, worauf er so tat, als ginge ihn das nichts an. Ich versuchte krampfhaft, ihm meine Angst und meine Traurigkeit zu vermitteln, aber natürlich fand ich nicht die richtigen Worte dafür. Zum Schluß sagte er dann: »... und hör auf, Trübsal zu blasen.« Als ich auflegte, wurde ich wahnsinnig. Ich wurde verrückt, hysterisch, bescheuert. In meinem Kopf explodierte die Welt. Ich zerkratzte mir das Gesicht, während mein Verstand davonflog.

Einen Monat später nahm ich mir vor, mir selbst zu helfen und ging zu einem Psychiater, da ich sonst mit niemanden reden konnte oder wollte. Es war das erste Mal, daß ich nach zwei Jahren über meine Angst, meine Wut, meine Traurigkeit und die vielen unterdrückten Gefühle redete. Ich ging ohne das Wissen meiner Eltern ungefähr zehnmal zu ihm, und es tat mir unheimlich gut, ihm zuzuhören und so viel reden zu dürfen, wie ich wollte. Diese Therapiestunden schrieb ich jedesmal ausführlich in mein Tagebuch, weil ich stolz darauf war, daß ich jetzt einen Menschen hatte, mit dem ich reden konnte. In dieser Zeit fühlte ich mich etwas stabiler, aber meine Todessehnsucht war immer noch nicht verschwunden.

Übrigens wurden meine Noten in der Schule von Jahr zu Jahr miserabler. Das einzige, was mich in die Schule lockte, war ein Mädchen aus meiner Klasse, mit dem ich mich total gut verstand. Aber selbstverständlich ging auch diese Freundschaft auseinander. Wie konnte es auch anders sein? Als sie mich im Oktober praktisch von heute auf morgen sitzenließ, dachte ich: »Jetzt ist alles aus. Wenn deine Probleme dich so verändern, daß du dadurch deine Freunde verlierst, hast du hier nichts mehr zu suchen.«

Bevor ich nach der sechsten Stunde die Schule verließ, sah ich sie noch kurz, und in Gedanken verabschiedete ich mich von ihr, weil ich wußte, daß heute mein letzter Tag in dieser prolligen Schule sein würde. Ich plante in Windeseile meinen Tod, ging direkt in eine Apotheke und kaufte mir Schlaftabletten und danach noch eine Flasche Sekt. Zu Hause versteckte ich die Sachen so, daß meine Mutter sie nicht finden konnte. Nachdem ich alle Vorbereitungen getroffen hatte, versuchte ich nachzudenken. Ich bildete mir ein, daß der »liebe Gott« mir meine Freundin weggenommen habe, weil er auch der Meinung war, daß ich auf dieser Welt nichts mehr zu suchen habe.

Am nächsten Morgen ging meine Mutter schon früh arbeiten, und ich dachte nicht daran, zur Schule zu gehen. Ich stand auf, schnappte mir die Schlaftabletten, setzte mich an meinen Schreibtisch und schluckte sie alle nacheinander hinunter. Wenn ich heute daran denke, habe ich immer noch diesen bitteren, rauhen Geschmack im Mund. Danach öffnete ich die Flasche Sekt und leerte sie innerhalb von fünf Minuten. Dann saß ich in einer Ecke meines Zimmers, heulte vor mich hin und dachte an mein verkorkstes Leben. Plötzlich mußte ich an die Reaktion meiner Mutter denken. Ich bekam Angst, in meiner Not rief ich die Polizei an und erzählte, was ich getan hatte. Fünf Minuten später stand der Krankenwagen vor der Tür, und der Arzt kümmerte sich ganz toll um mich. Im Krankenhaus wurde mir der Magen ausgepumpt, und ich kam auf die Intensivstation. Dort lag ich ein paar Stunden, bis meine Eltern kamen. Diese Minuten waren sehr schlimm, weil ich nicht imstande war, meine Eltern zu trösten oder ihnen irgend etwas Vernünftiges zu sagen. Am nächsten Tag sprach eine Frau vom Jugendamt mit mir. Ich sagte, daß ich nicht mehr zu Hause wohnen möchte und auch nicht mehr in meine alte Schule gehen wolle. Sie meinte daraufhin, daß es das beste sei, wenn ich mich in die Rheinische Landesklinik einweisen ließe. Und so kam ich in die Kinder- und Jugendpsychiatrie in Düsseldorf.

Mara, 16

Sucht nach Liebe

Eigentlich habe ich gar keinen Grund, mich zu beschweren, denn ich war fast immer glücklich und rundum zufrieden, stets gut gelaunt und locker. Ja, die meisten Menschen und auch viele meiner engsten Freunde hielten mich für stark und für einen Menschen, der keine Probleme kennt. Aber war das wirklich ich? War das nicht eine Schutzhülle oder eine Maske, die ich um mich bildete? Habe ich mich nicht im Laufe der Zeit immer mehr von meinen liebsten Freunden abgekapselt und war immer häufiger in mich gekehrt? War ich nicht rücksichtslos den Menschen gegenüber, die weit weniger Chancen hatten als ich?

War es nicht z.B. eine Sünde, Pirouetten zu drehen, wenn andere im Rollstuhl sitzen, oder fernzusehn, wenn andere blind sind? Habe ich mich in der Schule nur überfordert, um vom Vater anerkannt zu werden, oder wollte ich einfach nur eine der Besten sein? Habe ich meine Mutter aus Liebe verletzt oder weil ich alles besser machen wollte als sie? Habe ich wirklich alles falsch gemacht, oder war gar mein ganzes junges Leben ein Fehler? Warum? Warum diese ganzen Fragen und seit wann? Tausende von Gedanken in einem einzigen Kopf! Ich bin ganz durcheinander und fühle mich innerlich zerrissen und verbraucht. Keine Klarheit, keine Antwort!

Diese zermürbenden Gefühle verschwanden für eine kurze Zeit, als ich fünfzehn war. Ich verliebte mich zum erstenmal, in René, ich war blind und auch naiv, eineinhalb Jahre und ein paar schreckliche Wochen – Liebessucht, Pseudo-Liebe, Haßliebe oder wie man das sonst noch nennen kann. Doch war es wirklich so, oder kommt es mir im nachhinein nur so vor? Ach ja, richtig, ich wollte ihn nicht verlieren, unter keinen Umständen. Meist habe ich nur an seine Bedürfnisse gedacht und mich dabei fast vergessen. Ich habe mich selbst mißachtet und fühlte mich dann mißverstanden von der Welt. Ich ließ alles über mich ergehen und fühlte mich klein und häßlich. Ich schreckte nicht einmal vor Diäten zurück, damit ich seinen Idealvorstellungen von einer Frau ein wenig näher kam und er mir nicht immer vorwerfen konnte, daß ich viel zu dick sei.

Nachdem ungefähr ein Jahr vergangen war, hielt ich es nicht mehr aus, denn auch meine Familie und meine Freunde hatten darunter zu leiden, daß ich oft aggressiv oder deprimiert war. So wußte ich, daß ich etwas ändern mußte. Ich wollte nicht fliehen oder feige sein, sondern ich versuchte, mit ihm über meine Probleme zu reden, doch das machte alles nur noch schlimmer. Als es mir zu viel wurde, habe ich mich von ihm getrennt.

Zunächst fühlte ich mich überglücklich und wie befreit. Ich dachte wirklich, ich könnte diese lange Zeit unserer Beziehung in nur zwei Wochen vergessen. Ich unternahm sehr viel und amüsierte mich phantastisch. Bereits nach sechs Wochen hatte ich wieder einen neuen Freund, denn ich fühlte mich wieder für einen ganz neuen Anfang bereit. Allerdings stellte ich nach kurzer Zeit fest, daß es mir mit ihm nicht besser ging als mit René, eigentlich noch viel schlimmer. Ich fragte mich, ob er die Bedeutung des Wortes Zärtlichkeit kannte. Ich glaube nicht, denn er nahm mich nie in den Arm, und er gab mir nie einen zärtlichen Kuß. Diesen Mangel an Zärtlichkeit versuchte er mit Geschenken auszugleichen, was mir jedoch nur sehr wenig bedeutete. Ich fühlte mich einfach schrecklich. Als er dann für eine Woche im Urlaub war, lernte ich einen netten Jungen kennen, der früher in meiner Grundschule war. Wir verstanden uns von Anfang an sehr gut. Was dann passierte, wollte ich nun wirklich nicht. Ich verliebte mich in ihn, und wir küßten uns sogar. Ich wußte, wenn mein Freund das herausbekäme, gäbe es ein Unglück. Das hatte er mir oft genug angedroht. Als er aus dem Urlaub zurückkam, war er bereits über alles informiert. Er war total sauer und verprügelte meinen neuen Freund, doch das hinderte uns nicht daran, zusammen zu bleiben und eine glückliche Zeit zu erleben. Endlich, so dachte ich, hatte ich den Richtigen gefunden. Doch das Glück hielt nicht lange an, denn ich hatte oft depressive Anfälle oder war aggressiv. Ich versuchte auch, mich umzubringen. Oft hockte ich stundenlang allein in meinem Zimmer und war nicht ansprechbar. Ich wußte nicht, was mit mir los war. Keiner konnte mir helfen und am wenigsten ich mir selbst. So kam ich also in die Kinder- und Jugendpsychiatrie, um die Ursache meiner Depressionen, Ängste und meiner Sucht nach Liebe herauszufinden.

Tatjana, 17

Ich hatte einen Schutzengel

1. Teil

Wenn ich mein Leben so überdenke, dann frage ich mich, warum ich auf die Welt kommen mußte. Es fing schon damit an, daß mich meine Mutter nicht ernähren konnte. Sie war bei meiner Geburt noch sehr jung. So kam ich in eine Pflegefamilie. Obwohl ich noch ein Baby war, verprügelte mich mein Pflegevater für jede Kleinigkeit.

Als ich älter war, ging das Drama weiter. Jeden Morgen fragte man mich, ob ich ins Bett gemacht hätte. Wenn ich es zugab, mußte ich jedesmal aus der Küche den Kochlöffel holen, mit dem ich verprügelt wurde. Wenn ich log, verprügelte mich mein Pflegevater erst recht. Jedesmal schlug er damit auf mich ein, und nicht selten ging ein Kochlöffel dabei kaputt. Darüber war er dann so sauer, daß er mit der Hand weiter schlug.

Im Kindergarten machte ich ziemlich oft in die Hose. Wenn mich jemand umzog und die vielen blauen Flecken sah, behauptete ich, daß ich die Treppe runtergefallen sei. Die Wahrheit kam erst raus, als meine Pflegeschwester alles erzählte. Alle waren entsetzt und meinten, man müsse mir helfen, doch keiner wollte mich aufnehmen. Ich sollte in ein Heim, doch zum Glück war ich einer Familie, die schon drei Kinder hatte, ans Herz gewachsen. Sie adoptierten mich. Meine jetzigen Schwestern waren am Anfang eifersüchtig, weil sie nicht verstehen konnten, daß sie ihre Eltern mit jemandem teilen sollten. Besonders meine jüngere Schwester war von meinem Einzug in diese Familie nicht begeistert. Sie mußte sich ein Zimmer mit mir teilen. Doch mit der Zeit akzeptierten wir uns gegenseitig.

Die erste Zeit ließ ich keinen an mich ran. Ich schrie meinen Eltern in die Ohren, beschimpfte ihre Freunde, war einfach unerträglich. Vor meinem Vater hatte ich anfangs noch Angst, weil ich dachte, alle wären wie mein Pflegevater. Dann wurde es erstmal ein paar Jahre ruhiger für mich. Ich lebte mich in die Familie ein, ging in die Schule und fühlte mich eigentlich wohl. Es gab nur das Problem, daß ich meine Eltern andauernd belog. Auch wenn sie mir beweisen konnten, daß ich gelogen hatte, stritt ich alles ab.

Einmal kamen meiner Schwester hundert Mark weg. Natürlich beschuldigte man mich, obwohl ich es wirklich nicht war. Sie drohte mir damit, daß sie mir alle meine Sachen kaputt machen würde. Mir war klar, daß mir keiner glaubte, weil ich schon so oft gelogen hatte. Abends durchsuchte ich die ganze Wohnung nach Tabletten und nahm alle, die ich finden konnte. Dann ging ich ins Bett und hoffte, nie wieder wach zu werden. Doch nachts wurde ich wach, weil meine große Schwester meine ganzen Sachen durch mein Zimmer schleuderte. Meine Pflanzen waren alle kaputt, mein Spiegel war zersplittert, und es sah aus wie auf einem Schlachtfeld. Ich war den Rest der Nacht damit beschäftigt, mein Zimmer aufzuräumen. Morgens vor der Schule war mir total schlecht, und ich mußte mich übergeben. Trotzdem ging ich in die Schule, weil ich auf keinen Fall mit meiner großen Schwester alleine sein wollte. Sie studierte schon und hatte gerade Semesterferien. Im Unterricht war ich unkonzentriert und konnte meine Augen kaum aufhalten. Meine Klassenlehrerin rief mich nach der dritten Stunde zu sich und fragte, ob ich krank wäre. Ich sagte, daß es mir gut ginge, obwohl mir meine Beine manchmal wegsackten und ich Halluzinationen hatte. Als ich mittags nach Hause kam, sagte meine große Schwester, sie habe das Geld wiedergefunden. Ich konnte mich nicht richtig darüber freuen, mir ging es zu mies. Den ganzen Nachmittag war ich alleine und mußte mich oft übergeben. Als meine Mutter abends nach Hause kam, merkte sie, daß etwas nicht stimmen konnte und brachte mich zum Arzt. Der dachte, ich hätte Grippe, und die Wahrheit wollte ich auch nicht sagen, weil ich Angst vor den Folgen hatte. Ich wurde erstmal krank geschrieben und war den ganzen Tag über alleine zu Hause. Ich redete mit Leuten, die gar nicht da waren, z.B. mit meiner toten Uroma. Ich hatte die ganze Zeit Angst, daß es jemand merken könnte. Ein paar Tage später ging ich mit meiner Mutter spazieren, und meine Beine knickten andauernd weg. Meine Mutter dachte, das läge an meiner körperlichen Schwäche, doch mein Blick war immer noch leer. Meine Familie machte sich Sorgen um mich.

Nach drei Wochen ging es mir so gut, daß ich wieder in die Schule gehen konnte. Die Halluzinationen hatte ich noch ein Jahr später, wenn auch nicht mehr so stark wie am Anfang.

2. Teil

Am 29.09.1992 verliebte ich mich in Tim. Ich lernte ihn auf einer Fete kennen. Meine Eltern mochten ihn von Anfang an. In dieser Zeit war ich oft krank (Grippe), mußte zu Hause bleiben und konnte mich also schon am Vormittag mit Tim treffen.

Meinen Freundinnen stellte ich Tim natürlich vor. Tina, meine beste Freundin, interessierte sich sofort für ihn. Und als ich mit Tim Streit hatte, verbündeten die beiden sich gegen mich. Aber diese Beziehung dauerte nur eine kurze Zeit. Dann kam Tim wieder zu mir zurück. Ich konnte mich nicht richtig darüber freuen, weil Tina auch an Tim hing. Da ich versuchte, es allen recht zu machen, blieb ich natürlich auf der Strecke. Ich hatte keine Zeit mehr für mich, meine Familie oder für Hausaufgaben. Also fing ich wieder an zu schwänzen, diesmal aber nur noch einmal pro Woche. Das Schuljahr war für mich sowieso schon gelaufen, ich wollte das Jahr wiederholen.

Meine Eltern hatten kaum Zeit für mich, deshalb konnte ich machen, was ich wollte. Ich war oft bis elf oder zwölf bei Freunden, und nicht selten trank ich Alkohol. Oftmals hatte ich Streit mit meinen Eltern und mit meiner Schwester. Weil ich so enttäuscht von meiner Familie war, lief ich von zu Hause weg. Ich traf Tim zufällig auf der Rheinkirmes und erzählte ihm, daß ich es zu Hause überhaupt nicht mehr aushielt. Tim erlaubte mir, bei ihm im Keller zu schlafen, aber seine Mutter durfte nichts davon wissen. Zwei Nächte verbrachte ich bei ihm, dann rief er morgens heimlich meine Schwester an und brachte mich anschließend nach Hause. Als meine Mutter abends nach Hause kam, gab es neuen Ärger, und sie drohte, mich rauszuschmeißen.

Nach den Sommerferien kam ich das zweitemal in die zehnte Klasse. Ich fand nur schwer den Anschluß, weil ich nicht von mir aus auf die Leute zugehen konnte. Ich hatte Angst vor den vielen neuen Gesichtern und fühlte mich in die Enge getrieben. Als Tim dann auch zum soundsovielten Male mit mir Schluß machte, hatte ich zu nichts mehr Lust. Ich merkte, wie ich mir selbst egal wurde. Ich fing wieder an mit dem Schwänzen. Morgens vergrub ich mich zu Hause im Bett, und nachmittags war ich bei Tina und Ina. Als meine Eltern bemerkten, daß ich nicht mehr zur Schule ging, stellten sie mich vor eine Entscheidung: entweder Schule, Arbeitengehen oder Rausschmiß. Von da war es mir egal, was mit mir passierte.

Am 10.09.93 ging ich morgens zu Tina und Ina und wartete, daß die beiden aus der Schule kamen. In der Zeit spielte ich die ganze Zeit mit dem Gedanken, mich umzubringen. Sobald Tina aus der Schule kam, ging ich nach Hause. Ich setzte mich auf das Balkongeländer und dachte über mein Leben nach. Da kam mir plötzlich die Idee, vom Balkon zu springen. Ich rief erst Tina und dann Tim an. Andeutungsweise erzählte ich von meinem Vorhaben. Anschließend rief ich noch einen Krankenwagen. Dann rauchte ich eine Zigarette und wartete auf dem Geländer, bis etwas passierte. Erst kam ein Polizeiwagen und dann der Krankenwagen. Sobald ich den Krankenwagen sah, drückte ich mich ab und flog ca. zwölf Meter tief. Ich weiß nur noch, daß ich nachts an der Wirbelsäule operiert wurde. Ich hatte einen gebrochenen Wirbel, einen Fuß verstaucht und an dem anderen Fuß eine starke Bänderdehnung.

Am 13.09. besuchte mich Tim, darüber freute ich mich besonders. Alle hielten nun auf einmal zu mir, und so ging es mir bald wieder besser.

Inzwischen bin ich in der Kinder- und Jugendpsychiatrie – Tim ist der Freund meiner ehemals besten Freundin – beide scheinen glücklich miteinander zu sein. Ich bin mit Tim noch locker befreundet.

Corinna, 16

Sie nannten mich Walze

Als ich in der achten Klasse war, war ich fett, und ich wurde von denen aus der neunten und zehnten Klasse gehänselt. Sie nannten mich Walze und verarschten mich dauernd. Dazu kam noch, daß ich Kontaktschwierigkeiten hatte und depressiv war. Damals hatte ich schon Selbstmordgedanken, ich hatte mich aber nie getraut, meine Gedanken in die Tat umzusetzen.

Doch dann passierte etwas Einschneidendes in meinem Leben. Ich hatte mich in einen Jungen verliebt und zwanzig Kilo abgenommen. Jetzt war ich nicht mehr fett, sondern »nur« noch dick, aber die Hänseleien hörten nicht auf. 1991 startete ich meinen ersten Selbstmordversuch. Ich hatte keine Lust mehr zu leben und nahm siebzig Kreislauftabletten von meiner Oma. Am nächsten Morgen wachte ich auf, und nichts war passiert.

Als meine Oma feststellte, daß keine Kreislauftablette mehr da war, wurde sie mißtrauisch. Vorsichtig fragte sie mich, ob ich die Tabletten genommen hätte. Ich geriet in Panik. Trotzdem sagte ich ihr die Wahrheit, denn schließlich wollte ich, daß jemand auf meine Not aufmerksam wurde. Meine Oma hat dann sofort meine Mutter angerufen und es ihr erzählt. Die Reaktion meiner Mutter hat mich sehr enttäuscht. Sie zeigte keinerlei Verständnis für mich. Im Gegenteil, ich mußte mir ihre Vorwürfe anhören. Z.B. sagte sie entsetzt: »Was sollen wir denn den Leuten sagen? Die denken bestimmt, daß du es wegen uns getan hast.«

1992 bin ich zu einer Psychotherapeutin gegangen. Da ich sie aber nicht leiden konnte, brach ich die Behandlung ab. 1993 war ich wieder völlig verzweifelt und mutlos. Ich versuchte erneut, mir das Leben zu nehmen. Diesmal nahm ich fünfzig

Schlaftabletten. Nach diesem zweiten Selbstmordversuch brachten mich meine Oma und meine Mutter zu einem Psychiater, der mich in die Kinder- und Jugendpsychiatrie überwies. Jetzt bin ich in der Kinder- und Jugendpsychiatrie der Landesklinik Düsseldorf, und wenn ich nicht hier wäre, hätte ich es bestimmt wieder versucht! Ich bin sehr froh, daß man mich endlich ernst nimmt und versteht und hoffe, daß man mir helfen kann.

Jackie, 17

Weil ich kein Mädchen bin

Es fing alles vor gut acht Jahren an. Ich merkte, daß irgend etwas mit mir nicht stimmte. Ich hatte ganz andere Gefühle als ein richtiger Junge. Ich interessierte mich nicht für Mädchen, sondern insgeheim für Jungen. Am liebsten wollte ich ein Mädchen sein. Oft zog ich die Kleidung meiner Schwester an. Meine Eltern dachten, daß das normal sei, weil ich ja erst ein siebenjähriger Junge war. Ich schnitt mir heimlich aus Katalogen Männer in Unterwäsche aus und klebte sie sorgfältig in ein Buch. So lebte ich bis zur Hauptschule mit meinen Illusionen.

Inzwischen war ich zehn Jahre alt und wurde wegen meines Verhaltens oft in der Schule gehänselt. Da ich so aussehe wie ein Mädchen, hat man mich oft dafür gehalten, was mir eigentlich total gut tat. Es tat mir weh, den Leuten zu sagen, daß ich ein Junge bin. Ich hatte auch nur Freundinnen. Jungen habe ich gehaßt, weil sie nur Scheiße bauten. Auch die anderen Dinge, die normalerweise Jungen gut finden, lehnte ich völlig ab. Meinen Eltern kam das alles ein bißchen komisch vor, und ich glaube, daß sie schon früher als ich wußten, wie ich fühlte. Sie haben auch oft versucht, mit mir darüber zu reden. Aber ich habe keinen an mich ran gelassen. So kam es also, daß ich bei meiner Schwester war, und ich dachte: Jetzt mußt du es sagen. Mein Verhältnis zu meiner Schwester ist super, zu ihr habe ich vollstes Vertrauen. Also erzählte ich alles, doch ich konnte nicht sagen, wer ich eigentlich bin. Für mich war nur klar, daß ich ein Mädchen sein wollte und mich auch immer so gefühlt habe. Sie riet mir, es meinen Eltern zu sagen. Doch ich traute mich nicht. Meine Schwester sagte, daß sie mich trotzdem akzeptieren könnte. Natürlich wollte sie mir helfen.

Aber es fiel mir einfach noch zu schwer, mit meinen Eltern darüber zu sprechen.

Dann spitzten sich die Probleme in der Schule erheblich zu. Die Schüler haben mich so fertig gemacht, daß ich einfach nicht mehr in die Schule gehen konnte. Ich war zutiefst verletzt. Ich verstand nicht, weshalb meine Klassenkameraden mein Anderssein nicht akzeptieren konnten. Meine Eltern erfuhren, daß ich nicht mehr in die Schule gegangen war. Sie stellten mich zur Rede, und ich erzählte ihnen, wie ich fühlte. Ich sagte, ich wolle lieber ein Mädchen sein, eventuell sei ich homosexuell. Ich hatte große Angst, meine Eltern mit diesem Geständnis zu schocken. Aber genau das Gegenteil ist eingetroffen. Sie zeigten volles Verständnis und weinten vor Rührung. Das war ein großes Glück für mich. Meine Eltern sagten zu, daß sie mich in jeder Hinsicht unterstützen würden. Sie veranlaßten einen Schulwechsel. Doch dort erging es mir nicht besser. Die Schikanen waren unerträglich. So entschied ich mich, gar nicht mehr in die Schule zu gehen.

Meine Eltern hörten von der Kinder- und Jugendpsychiatrie in Düsseldorf. In meiner Not war ich zu allem bereit. Ohne zu zögern, packte ich meine Sachen zusammen und ging in die Kinder- und Jugendpsychiatrie. Hier konnte ich mir darüber klar werden, wer ich eigentlich wirklich bin. Die Mitarbeiter und die Ärzte haben mich super unterstützt. Jetzt bin ich 15 Jahre alt, und weiß, was ich will. Ich stehe zu meiner Homosexualität. Und es fällt mir heute nicht mehr schwer, offen darüber zu reden. Ich denke, daß es sowieso viel zu viele Vorurteile Homosexuellen gegenüber gibt. Frauen haben zum Beispiel viel mehr Verständnis für Schwule.

Jedenfalls lebe ich glücklich, seitdem ich weiß, wo ich stehe. Ich habe sogar einen 16jährigen Freund und liebe ihn sehr. Mein Appell an alle, die so empfinden wie ich: Steht zu Euren Gefühlen und lebt Euer Leben, verkriecht Euch nicht!

Marcel, 16

Hallo Dad!

Endlich geschafft! Was muß das für Dich bedeuten, nach einem jahrelangen Doppelleben endlich Klarheit. Ich gewöhne mich allmählich an Deine Abwesenheit, obwohl Du mir fehlst. Jedenfalls gibt es jetzt niemanden mehr, der stundenlang auf mich einredet, mir mein Versprechen abringt, in die Schule zu gehen. Ich brauche abends nicht mehr früher ins Bett zu gehen, um Dir auszuweichen. An Wochenenden warst Du ja sowieso bei der anderen Frau. Es war ganz schön nervig, wie Du immer auf mich eingeredet hast. Wolltest Du Dein Gewissen beruhigen, oder lag Dir tatsächlich etwas an meinem Weiterkommen? Ich weiß, Du setzt große Hoffnungen in mich. Wie muß ich Dich enttäuscht haben durch meine konsequente Schulverweigerung.

Wen ich damit treffen wollte, das ist mir immer noch nicht klar. Vielleicht wollte ich dadurch etwas mehr Aufmerksamkeit von Dir. Deine stressige Arbeit, Deine beiden Frauen und dann noch ich, da blieb für niemanden viel Zeit. Ich hätte gern etwas mehr von Dir gehabt. Unser Kontakt beschränkte sich auf das leidige Thema Schule.

Mein zuverlässigster und liebster Freund war mein Kater. Ihn kannte und liebte ich von Geburt an. Er ist mit mir aufgewachsen, und er war immer da, wenn ich jemanden zum Kuscheln brauchte. Du weißt sicher noch, wie schlimm es für mich war, als ich ihn 1991 wegen Leukämie einschläfern lassen mußte. Es tut mir jetzt noch weh, wenn ich daran denke. Damit fing übrigens alles an: Ich konnte nicht mehr zur Schule gehen, ich fühlte mich wie gelähmt. Da halfen auch die häufigen Schulwechsel, der Aufenthalt in der Tagesklinik des Evangelischen Krankenhauses und vieles andere nicht.

Ich ärgerte mich selbst darüber, daß ich es nicht schaffte, ein normales Leben zu führen. Wie muß ich Dich enttäuscht haben, lieber Dad. Du hast Dich nun entschieden für ein Leben mit der anderen Frau. Ich akzeptiere Deine Entscheidung.

Nach meiner Zwangseinweisung in die Kinder- und Jugendpsychiatrie – ich weiß, Ihr konntet nicht anders – gehe ich regelmäßig in die Schule und hoffe auch, irgendwann meinen Abschluß machen zu können. Bist Du nun mit mir zufrieden?

Tschüß Dad,

Deine Ruth.

Ruth, 16

Meine liebe Mama!

Ich sitze gerade in meinem Zimmer und habe mich endlich dazu durchgerungen, Dir zu schreiben. Ich weiß eigentlich gar nicht, warum ich gerade jetzt das Bedürfnis habe. Vielleicht, weil ich gerade gedanklich bei Dir bin. Vielleicht ist es mein geheimer Wunsch, Dich zu erreichen, während ich Dir schreibe.

Mir fallen so viele Dinge ein. Sie tun so wahnsinnig weh. Mir wird klar, wie extrem abhängig ich von Dir bin. Immer, wenn ich etwas tue, überlege ich, ob Du es für richtig hälst. Wie oft sitze ich da und wünsche mir sehnlichst, Du wärst da und nähmst mich in die Arme, gäbst mir Wärme, Geborgenheit und Harmonie. Es ist paradox, denn bist Du da, so wünsche ich mir oft, daß Du wieder gehst. Warum? Vielleicht, weil ich dann in dieser Sekunde verspüre, daß ich ein Teil von Dir bin? Daß Du meine Existenz darstellst? Ich weiß, daß ich ohne Deinen Standpunkt bei Entscheidungen unsicher bin. Wohl aus dem Grund, daß ich Angst habe, Dich enttäuschen zu können und Dir mit meiner Kritik weh zu tun; immer das Bild einer kleinen, zerbrechlichen Mutter vor Augen, die schrecklich feinfühlig und sensibel ist.

Ich frage mich manchmal, warum Du mein ein und alles bist. Warum Du mich so perfekt steuern kannst. Eine Marionette, bei der die Erbauer streng darauf achten, daß die Fäden sich nicht dehnen und länger werden, daß sie sich auf gar keinen Fall verwirren, denn sonst wäre es nicht mehr möglich, die Macht über die Marionette zu haben.

Ich komme mir bei dieser Frage ganz schön fies vor, aber kann man unsere Beziehung als Liebe bezeichnen? Bedeutet es wirklich Liebe, wenn Du mich korrigierst, wenn Du mich verwirrst? Wie oft hast Du mir Schuld zugewiesen, wie oft hast

Du mir deutlich gemacht, daß ich Dich niederschmettere mit meiner Existenz, meinem Egoismus und meiner Respektlosigkeit. Dabei sind es teilweise wirklich blöde Dinge, wie abends zu spät nach Hause zu kommen oder den Müll nicht wegzubringen. Ist es wirklich Liebe, die Du mir gibst? Oder willst Du nur, daß Du gelobt wirst und Anerkennung erhältst für dieses prächtige Kind, daß Du neben Arbeit und zwei anderen Kindern ganz allein, ohne jegliche Hilfe wahnsinnig gut geformt und zurecht gemeißelt hast? Sobald ein Satz aus meinem Mund kommt, der undankbar oder vorwurfsvoll klingt, so vergißt Du es nicht, mich darauf hinzuweisen, daß es gemein und egoistisch von mir ist, bei all Deinen guten Taten und Opfern unzufrieden zu sein.

Manchmal verstehe ich Dich überhaupt nicht. Einmal verlangst Du von mir, zur Schule zu gehen (am besten mit gutem Erfolg), häusliche Arbeiten zu erledigen und mich um meine Verpflichtungen eigenständig zu kümmern, und andererseits hälst Du mich für vollkommen unfähig, irgendwelche Sachen alleine zu meistern und in Angriff zu nehmen. Dann nimmst Du mir alles ab, als wäre ich ein kleines Kind. So beschwerst Du Dich beispielsweise über die viele Wäsche, aber wenn ich Dir anbiete, meine Sachen selbst zu bügeln, läßt Du mich nicht, weil nachher einige Falten bleiben. Eigentlich ist dieser Punkt des Bügelns lächerlich, aber der unterschwellige Vorwurf spricht Bände und läßt Schuldgefühle bei mir zurück.

Oft sagst Du, Du könntest meine Krise verstehen, Du könntest Dir vorstellen, wie es ist, mit permanentem Frust und Melancholie zu leben, Du wüßtest, wie das ist, wenn man abhebt und fürchtet, nie wieder auf dem Boden anzukommen, wenn man glaubt, daß der Tod interessanter ist als das Leben.

Aber hast Du mich wirklich jemals verstanden? Ich glaube nicht. Entweder hieß es, Philipp ist krank, er kann nicht anders. Oder es hieß: Philipp ist stinkfaul, er macht eh nur, was er will, und es ist ihm völlig egal, ob die anderen dabei zu kurz kommen. Beides berührt mich unheimlich. Ich möchte weder als der kranke Philipp abgestempelt werden, noch möchte ich mir Deine ständigen Vorwürfe anhören müssen.

Als ich Tabletten schluckte und des öfteren recht viel trank, glaubte ich, das nimmst Du nicht ernst. Mag sein, daß es lächerlich ist, doch es geschah eher aus Unvermögen, nicht um Dir zu zeigen, wie schlecht es mir geht, dazu bin ich zu stolz. Weißt Du noch, wie Du mir sagtest: »Also Philipp, wenn du dich schon umbringen möchtest, dann mach es bitte richtig.« Merkst Du eigentlich gar nicht, wie sehr Du mir damit das Gefühl gibst, ein Versager zu sein, dem noch nicht einmal ein Selbstmordversuch gelingt? Mich stört es, wenn Du mir vor Augen hälst, daß Du zwar auch versuchtest, Dich umzubringen, daß Du aber aus der Psychiatrie wegen »guter Führung« und einleuchtenden und akzeptablen Zielen schnell entlassen wurdest. Ich glaube, Du wolltest es allen zeigen. Du wolltest deutlich machen, daß Du in der Lage bist, alles unter einen Hut zu bekommen. Du hast einen so extremen Ehrgeiz entwickelt. Das Streben nach Intellektuellem, die hohen Ansprüche, der gute Ruf.

Wie oft schwärmst Du von Leuten und erzählst uns von ihnen. Wünschst Du Dir vielleicht heimlich, über uns eines Tages auch so reden zu können? Es ist immer die gleiche Art von Menschen, die Du bewunderst. Es sind die Jugendlichen, die gestriegelt angezogen sind, die in der Schule ziemlich gut sind, die in ihrer Freizeit Geige spielen und sonntags mit ihren Eltern ihre Oma besuchen. Die Eltern sind elitär, sie tun nur Dinge, die ihrem Ruf nicht schaden. Solche Leute sind Dir wichtig. Hast Du dabei schon mal auf ihren Charakter, auf das Menschliche geachtet? Wohl kaum. Je angesehener, desto besser. Nach dem Motto: wer Professor ist, kann gar nicht unsympathisch sein.

Ich weiß, ich bin auch anspruchsvoll. Aber ich möchte nicht ständig etwas tun, damit es anderen gefällt. Ich will versuchen, die für mich wichtigen Dinge und Interessen zu realisieren, ohne sie perfektionieren zu wollen. Ich möchte meine Vorstellungen herunterschrauben. Es mag sein, daß das die Kunst des Lebens ist, sich an kleinen Freuden festzuhalten, nicht auf das große Glück zu warten und das Leben mit all seinen Absurditäten stehen zu lassen, ohne alles zu hinterfragen. Mein Wunsch ist, absolute Zufriedenheit zu verspüren. Heute z.B. könnte ich in eine Disco fahren, um einmal »feste« Zufriedenheit zu kosten. Vielleicht höre ich ein gutes Lied, über das ich mich freuen kann, vielleicht treffe ich einen netten Freund? Aber wenn ich daran denke, wird mir schlecht, ich bekomme eine gewaltige Unlust und Angst, der Abend könnte unfreundlich werden. Die ständige gute Laune der anderen kann ich nicht ertragen, und ich kann mich ihr nicht anpassen. Außerdem habe ich etwas Furcht, Leute zu treffen, die wissen, daß ich auf der Station bin und mich dann von oben bis unten mustern, um irgend etwas Anormales an mir zu entdecken.

Manchmal hab ich das Gefühl, Daß Du meine Krise brauchst. Wenn Du z.B. keine Lust hast, zum Familientreffen zu gehen, dann gehst Du nicht, weil Philipp heute nicht allein zu Hause bleiben kann. Für Dich ist das eine gute Entschuldigung, für mich recht peinlich, da ich mir wie ein Kleinkind vorkomme. Ich biete außerdem auch ein schönes und interessantes Thema, worüber man sich gerne unterhält. Es ist ja schließlich nicht häufig, daß Leute »psychisch krank« sind, und für Sensationen ist man immer offen. Braucht ihr eigentlich mich oder meine Krise? Was wäre, wenn Ihr mich nicht hättet? Dann hättest Du eine Aufgabe weniger und weniger Aufmerksamkeit. Dabei wird mir so oft vorgeworfen, daß ich die Krise als Waffe einsetze und so einiges erreichen kann. Sicher steht man für einige Zeit im Mittelpunkt, es werden mehr Ausnahmen gemacht, doch unter solchen Umständen gefällt mir dieser Vorteil ganz und gar nicht.

Mittlerweile sind einige Tage vergangen, und ich habe irgendwie den Faden verloren und weiß nicht so recht, was ich Dir noch schreiben könnte. Vielleicht einfach nur: Ich hab Dich sehr, sehr lieb.

Dein Philipp.

Philipp, 19

Eine scheinbar perfekte Familie

Es schien allen Verwandten und Bekannten immer so, als ob wir eine ziemlich perfekte Familie wären. Meine Eltern hatten nie irgendwelche größeren Probleme miteinander, und sie waren auch jederzeit für meinen Bruder Enriko, damals sieben Jahre alt, und mich, ich war elf Jahre alt, da. Wenn jemand Probleme in der Schule mit Freunden, Noten oder Lehrern hatte, wurde stundenlang diskutiert, und meistens kam man zu einer Kompromißlösung. Wir gingen mit unserem Hund Tina spazieren, spielten Gesellschaftsspiele, und jeden Tag kamen irgendwelche Freunde oder Bekannte zu Besuch. Meine Mutter erzog Enriko und mich streng und regte sich schnell über mehr oder weniger unwichtige Dinge auf, während mein Vater sehr viel mehr erlaubte und sich nicht von kleineren Fehlern oder Streitigkeiten nerven ließ. Wenn es Zoff gab, war er es, der die Situation wieder beruhigte. Meiner Mutter rutschte oftmals die Hand aus. Bei meinem Vater dagegen passierte das selten. Natürlich versuchten wir hin und wieder, unsere Eltern gegeneinander auszuspielen, aber das klappte meistens nicht. Wir lebten in einer 100 Quadratmeter großen Wohnung auf dem Gelände einer Firma, in der mein Vater Hausmeister war. Sein Büro war im Keller, eine Etage unter der Wohnung. Er hatte beruflich viel mit dem Computer zu tun, und es machte ihm Spaß, so daß er anstatt um 15.15 Uhr um 21.00 Uhr abends zum Essen kam, dann fernsehen wollte und danach ins Bett ging. Außerdem war er Vorarbeiter einer Putzkolonne.

Mit der Zeit gab es bei meinem Bruder in der Schule Probleme, weil er sich nicht an die Klasse anpassen konnte, rumhampelte und sehr frech zu seinen Lehrern und Mitschülern war. Natürlich wurden seine Noten dann schlechter, und meine Mutter kümmerte sich um ihn und seine Leistungen. Es ging so weit, daß sie, wenn sie um 16 Uhr von der Arbeit kam, sich mit Enriko noch bis zu vier Stunden hinsetzte und mit ihm Hausaufgaben machte und übte. Mein Vater hing andauernd vor dem Computer oder Fernseher und war für mich und meine Probleme in Mathematik nicht unbedingt ansprechbar. Also wurden auch meine Noten immer schlechter. Mein Vater hatte keine Lust mehr, sich mit unseren Problemen auseinanderzusetzen. Er entzog sich immer mehr dem Familienleben. Er sagte, er fühle sich wie »das fünfte Rad am Wagen«, weil sich meine Mutter ja schon um alles kümmerte und sich andauernd über alles Mögliche aufregte und rumschrie. Daß das jedoch auch so war, weil mein Vater immer am Computer saß und nicht gestört werden wollte, sah er nicht.

Eines Tages ging ich in das Büro meines Vaters, um eine Unterschrift für eine Arbeit zu holen. Er und und die Vorarbeiterin der Putzkolonne, Frau S., saßen da und unterhielten sich, was eigentlich nichts Ungewöhnliches war. Doch die Art und Weise des Gesprächs fand ich sehr merkwürdig. Nicht jede Frau spricht ihren Vor- oder Mitarbeiter mit »mein Schatz« an. Das störte mich, und ich lief sofort zu meiner Mutter und erzählte ihr im Beisein meines Vaters von meinem Verdacht, daß die beiden ein Verhältnis haben könnten. Mein Vater stritt natürlich alles ab, aber meine Mutter wußte es schon.

Eines Donnerstag abends saßen Mama, Enriko und ich vor dem Fernseher und guckten Notruf. Papa kam von seinem angeblichen Training zurück und sagte, ich solle mich auf einen anderen Platz setzen, weil er dort immer säße. Ich erklärte ihm, daß es noch sechs andere Plätze für ihn im Wohnzimmer gäbe, aber die wollte er nicht. Da ich seine Sturheit leider geerbt habe, weigerte ich mich weiter, mich wegzusetzen. Nach einem dreißigminütigen Wortwechsel schubste er mich von der Couch und setzte sich dort hin. Ich war sehr wütend und ging laut protestierend ins Badezimmer. Das nervte meinen Vater so sehr, daß er hinter mir herkam und mich grün und blau prügelte. Meine Mutter stürzte zwischen uns und schrie ihn an, er solle aufhören. Die Folge von dem Ganzen waren blaue Flecken, Blutergüsse und daß ich auf dem linken Ohr zwei Tage nichts mehr hören konnte. Außerdem war ich jetzt natürlich noch wütender als vorher.

Einige Wochen später, Papa war so gut wie nie zu Hause, saß ich mit meiner Mutter in der Küche. Ich bügelte, und sie saß am Tisch. Wir sprachen über dies und das. Plötzlich kam mein Vater in die Wohnung und verlangte die Autoschlüssel meiner Mutter. Da meine Mutter ihn völlig ignorierte, wurde er schließlich gewalttätig. Er boxte auf sie ein, und Mama wehrte sich, aber sie hatte keine Chance. Plötzlich lagen sie auf dem Boden und prügelten sich. Ich konnte es nicht mit ansehen und versuchte dazwischenzugehen. In meiner Hilflosigkeit rief ich die Polizei, die auch nach einiger Zeit kam. Mein Vater schrie die Polizisten an und wies sie darauf hin, daß sie sich bei Familienangelegenheiten raushalten müßten. Sie verschwanden und mein Vater auch. Er fuhr mal wieder zu Frau S.

Ich versuchte, meine seelischen Schmerzen durch körperliche Schmerzen zu verdrängen und fing an, meine Arme aufzuritzen. Deshalb wurde ich in die Landesklinik Düsseldorf gebracht.

Im Oktober wurden meine Eltern zum Glück geschieden, und das Sorgerecht bekam meine Mutter.

Heute ist Mama wieder neu verliebt und sogar verlobt. Wir verstehen uns sehr gut mit unserem neuen Vater. Hoffentlich bleibt das auch so.

Jelena, 16

NEIIIN!

Ich sitze im Geschichtsunterricht, der Kurs besteht aus 27 Schülern, es ist das reinste Chaos. Die meisten interessieren sich für alles andere mehr als für den Unterricht, demnach ist es in der Klasse sehr unruhig und laut. Ich fühle mich eingeengt. Ich versuche, mich am Unterricht zu beteiligen, schließlich muß ich irgendwie an meine Punkte fürs Abi kommen, doch ich bin viel zu unruhig. Ich fange an, mit den Füßen zu trampeln. Am liebsten würde ich jetzt schon wieder aus der Klasse laufen – aber ich darf nicht, ich muß es einfach schaffen. Alle erwarten von mir, daß ich die Schule schaffe. Es guckt mich jemand, wohl mehr aus Zufall, an. »Guck mich nicht an, ich bin nicht da«, ist mein einziger Gedanke. Ich halte mir die Augen zu, jetzt bin ich nicht da. Ich trampele mit den Füßen, ich will weg. Jetzt braucht es nur noch eine falsche Bemerkung, irgend etwas Unüberlegtes, nur so Dahergesagtes von einem Mitschüler zu kommen, was das Faß zum Überlaufen bringt. Und da kommt es auch schon. Ich fange an zu kreischen, immer nur »NEIN«. Das ist jetzt das einzige, was in meinem Kopf ist. Ich will raus aus dieser Klasse, diesem Chaos, dieser Enge. Doch ich schaffe es nicht mehr. Es ist nur noch dieses »NEIN« da.

Inzwischen ist schon eine halbe Ewigkeit vergangen, nur mit »NEIN«. Ich weiß nicht, wie spät es ist, wie lange ich schon kreische, ich weiß nicht, was um mich herum passiert. Meine Freundin Daniela versucht, mit mir zu reden, versucht, mich zu beruhigen. Doch ohne Erfolg, ich bekomme nichts mit. Die Lehrerin ist die Ruhe in Person und versucht, weiter zu unterrichten (was wohl nicht so einfach ist). Irgendwann habe ich kaum noch Kraft, und mein »NEIN« wird immer leiser, doch die Angst ist immer noch da. Ich kann nicht mehr und komme mir ganz einsam vor. Keiner kann mir helfen. Ich lasse keinen an mich heran. Am liebsten würde ich mich jetzt fallenlassen, um aufgefangen zu werden. Doch das kann ich nicht. Versucht jemand in dieser Situation, mich in die Arme zu nehmen, wehre ich mich.

Inzwischen ist Pause, und alle, bis auf Daniela und Frau S., verlassen die Klasse. Es wird leer im Raum, ich fühle mich nicht mehr so eingeengt. Das »NEIN« ist aber immer noch in meinem Kopf, doch die Angst ist nicht mehr so groß. Ich höre auf zu trampeln, nehme die Hände von den Augen. Schließlich höre ich auf, »NEIN« zu sagen. Ich habe wieder Luft zum Atmen. Ich bin fix und fertig, weiß eigentlich gar nicht mehr, wie es zu dem Kreischen gekommen ist. Ich schäme mich. Ich mache mir Vorwürfe und habe Angst vor der Reaktion der Leute und den Folgen. Was wird jetzt passieren? Wieder habe ich es nicht geschafft, mich zu beherrschen, wieder habe ich dieses »NEIN« nicht unterdrücken können. Ich hasse mich. Doch in dieser Stunde habe ich noch mal Glück gehabt, es passiert gar nichts, keine Vorwürfe, keine Strafe, also keine direkten Folgen. Doch nicht alle Stunden enden so. Oft holt ein Lehrer den Direktor, der dann aber auch nicht weiß, was er machen soll. Manche Lehrer brechen einfach den Unterricht ab. Andere fangen an zu schimpfen oder ruhig auf mich einzureden, wieder andere versuchen, mit mir rauszugehen. Doch irgendwann geht es nicht mehr, ich kreische fast nur noch. Es ist kaum noch Unterricht möglich, und alle Beteiligten sind mit den Nerven am Ende. Ich werde nun zum wiederholten Male von der Schule beurlaubt – aus »gesundheitlichen« Gründen. Und schließlich komme ich in die Kinder- und Jugendpsychiatrie, wo ich endlich Hilfe finde.

Doch auch mit meiner Einweisung waren meine Probleme nicht gelöst: Nachdem ich ungefähr drei Wochen in der Klinik war, sah ich in meinem Leben mal wieder keinen Sinn. Ich sah dieses Leben als lästige Pflicht an. Der Tod faszinierte mich und zog mich magisch an. Ich überlegte mir immer öfter, wie ich diesem Leben ein Ende setzen könnte. Ein Streit mit meiner Mutter an einem Wochenende brachte das Faß zum Überlaufen, und ich ritzte mir mit einer Rasierklinge den ganzen Arm auf. Eigentlich wollte ich mir die Pulsader aufschneiden, doch dazu fehlte mir zu diesem Zeitpunkt der Mut. Als ich abends auf der Station über meine Selbstmordgedanken sprach, bekam ich den »Roten Reiter« (ein rotes Zeichen auf meiner Karteikarte) und einen zehnminütigen Beobachtungsbogen (d.h., ich mußte mich alle zehn Minuten bei jemandem vom Team melden). Außerdem bekam ich noch dreimal täglich 50 mg Neurocil zur Beruhigung. Doch meine Selbstmordgedanken verschwanden dadurch nicht – im Gegenteil. Nach ein paar Tagen wollte ich mich wieder umbringen und sprühte einfach 50mal mit meinem Asthmaspray. Es passierte jedoch gar nichts, und so sagte ich Mulu, der Nachtwache, Bescheid. Sie rief sofort den Arzt vom Dienst an. Dann kam ich für eine Nacht ins Gerresheimer Krankenhaus auf die Intensivstation. Am nächsten Tag kam ich zurück zur Station. Dort durfte ich aber nichts mehr alleine machen: Ich mußte zur Beobachtung auf dem Flur schlafen, mußte im ständigen Kontakt mit Mitarbeitern sein, durfte nicht allein in mein Zimmer und nicht alleine duschen. Zusätzlich bekam ich auch noch dreimal täglich 100 mg Neurocil. Dadurch schlief ich nur noch und bekam nichts mehr richtig auf die Reihe. Außerdem hatte ich große Probleme mit den Nebenwirkungen der Medikamente, so daß ich nicht mehr richtig gehen und auch nicht richtig sprechen konnte. Aber die Medikamente sind auch relativ schnell wieder reduziert worden.

Zu diesem Zeitpunkt wollte ich auf gar keinen Fall mehr länger in der Klinik bleiben, aber ich kann nur sagen, zum Glück bin ich noch in der Klinik, sonst wäre ich vielleicht schon gar nicht mehr unter den Lebenden. Auf der Station fühle ich mich sehr wohl. Dort kann ich so sein, wie ich bin und brauche keine Angst vor der Verurteilung anderer zu haben. Teilweise ist das Leben auf der Station wie in einer großen Familie.

Im Moment weiß ich nicht, wie lange ich noch in der Klinik bleiben werde. Ich nehme mir die Zeit, die ich brauche und gebe nicht vorzeitig auf.

Sandra, 19

Angst

Überall sehe ich sie, die ANGST.
Sie begegnet mir in der Schule,
im Klassenraum, auf der Straße,
in öffentlichen Verkehrsmitteln.
Sie verfolgt mich auf Schritt und Tritt.

Eine riesen Panik

Es war jeden Tag die gleiche Situation: Unterricht, panikartige Angst vor dem Lesen eines Textes und immer wieder die bange Frage: Nimmt er mich jetzt dran? Herzklopfen, Zittern und 26 Augenpaare, die mich gnadenlos fixierten, wenn es hieß: Und diesmal fängt der Lars an zu lesen.

Den ersten Satz brachte ich klar rüber, doch dann begann es: In mir brodelte es wie in einem Kochtopf, ich fing an zu schwitzen, und mein Herz klopfte wie wild. Ich überflog die Wörter und sah nur noch Wortfetzen, die ich irgendwie zusammenreimte; jedes zweite Wort sprach ich falsch aus. Als ich endlich abgelöst wurde, konnte ich meine Finger kaum noch still halten, der Kugelschreiber flog mir aus der Hand, so zitterte ich.

Nach dieser Englischstunde fühlte ich mich erst einmal erleichtert, und den restlichen Schultag schaffte ich ganz normal. Zu Hause dachte ich noch ein bißchen über alles nach, aber ich hatte keine Lust, mir groß den Kopf zu zerbrechen, denn es war Wochenende. Es passierte nichts Aufregendes, nur daß der Montag sich erbarmungslos näherte.

Zum Glück ging alles gut, bis die letzte Stunde kam. Es war Geschichte, und mir ging es wieder genau so wie in der letzten Englischstunde. Mein Herz raste wie wild, und ich dachte nur: »Wenn du jetzt dran kommst, dann stirbst du«, aber Gottseidank nahm der Lehrer mich nicht dran. Dann, am Dienstag hatte ich Französisch und mußte vorlesen. Ich brachte wieder kaum ein Wort heraus. Es war eine furchtbare Situation, alle starrten mich an, der Lehrer wurde ungeduldig, und ich saß da, klein, dumm und jämmerlich. Am liebsten wäre ich im Boden versunken. Niemand half mir. Das Ganze fand seinen Höhepunkt in der folgenden Geschichtsstunde. Wieder eine riesen Panik, Herzrasen, Flattern, Schwitzen, Zittern... es war der reinste Horror. Das Unbegreifliche war, daß man mir äußerlich nichts ansah.

Nach diesem Tag traute ich mich nicht mehr in die Schule. Ich blieb zu Hause und vertrieb mir die Zeit mit Fernsehen. Zum Arzt habe ich mich auch nicht getraut. Meinem Vater (meine Mutter lebt nicht mehr) ist nicht aufgefallen, daß ich die Schule schwänzte, und ich hatte nicht den Mut, ihm ehrlich zu sagen, wie es um mich stand.

Nach vier Wochen kam dann der Anruf von meinem Lehrer. Mein Vater konnte es nicht fassen, daß sein Sohn ein »Schulschwänzer« ist. Er fragte mich höflich, wie ich denn meine Freizeit verbracht hätte. Ich erzählte ihm alles von Anfang an, und er ging mit mir zum Arzt, füllte den Krankenschein aus und ließ mich allein. Ich mußte mich ins Wartezimmer setzen. Wieder überfiel mich eine rasende Angst. Schließlich kam ich dran, und mir rutschte beinahe das Herz in die Hose. Der Arzt fragte mich, was ich für Beschwerden hätte, und ich erzählte ihm alles. Er meinte, daß es an der Schilddrüse liegen könnte, und ich machte mich auf den Weg zur Ultraschalluntersuchung. Doch die Bilder zeigten nur, daß sie etwas vergrößert war; also konnte es daran nicht liegen. Er schickte mich dann zum Neurologen, doch der konnte auch nichts feststellen. Nun riet mir der Arzt, doch vielleicht in stationäre psychiatrische Behandlung zu gehen. Ich bekam zunächst mal einen Schock, weil ich die Vorurteile über die Psychiatrie kenne. Jedoch wollte ich natürlich gesund werden, und deshalb war ich schließlich zu dieser Behandlung bereit.

Direkt am ersten Tag auf der Station wollte ich wieder nach Hause. Ich traute mich kaum, aus dem Zimmer zu gehen. Am Eßtisch bekam ich »es« wieder, was aber mit der Zeit vorbeiging. Die ganzen Untersuchungen störten mich natürlich. Die waren auch nach zwei Wochen alle ergebnislos. Körperlich und neurologisch war alles in Ordnung. Ich begann mit der Therapie. Wenn ich ehrlich bin, macht es mir großen Spaß. Auf der Station gefällt es mir sehr gut, und immer wenn das Wochenende kommt, will ich nicht nach Hause. Als ich das erste Mal von der Station weg war, bekam ich regelrecht Heimweh. In die Schule muß ich natürlich auch gehen. Die Angstzustände bekomme ich dort aber nicht mehr, weil wir nur sieben in der Klasse sind. Zwei Wochen bin ich jetzt auf der Geländeschule ohne meine lästigen Begleiter: Zittern, Schwitzen und Herzrasen.

Wolfgang, 16

Von nun an ging's bergab

»Patrick, das hast du mal wieder toll gemacht!« oder »Das ist einfach super!« so lobte mich meine Grundschullehrerin Tag für Tag. Und entsprechend sah auch mein Zeugnis aus: Nur Einsen und Zweien, nicht eine Drei. Doch als meine Mutter dann wegen einer psychischen Krankheit ins Krankenhaus kam – ich war im vierten Schuljahr – wollte alles nicht mehr so recht klappen. Das Endjahreszeugnis sank dann auf drei Dreien. Damit sah mein Zeugnis zwar noch rosig aus, und ich wurde auch mit Leichtigkeit aufs Gymnasium versetzt, aber meine Leistungsbereitschaft sank doch schon.

Als ich aufs Gymnasium kam, wurde meine Mutter aus der Klinik entlassen. Aber es wurde überhaupt nicht besser mit ihrer Krankheit, sondern schlechter. Mein Vater und ich bekamen einen Schock, als wir sie sahen: Spindeldürr war sie geworden, so daß wir uns große Sorgen um sie machten, was nicht zuletzt meine Schulleistung enorm beeinflußte. Im fünften Schuljahr schrieb ich kaum mehr eine gute Arbeit, störte häufig den Unterricht und legte mich manchmal sogar mit den Lehrern an. Das alles wurde natürlich auf dem Zeugnis berücksichtigt, so daß ich am Jahresende ein miserables Zeugnis hatte. Keine Zwei war darauf zu finden, dafür zwei Fünfen. Da die ersten beiden Klassen des Gymnasiums Erprobungsstufen sind, wurde ich trotzdem versetzt, aber unser Klassen- und Gruppenpsychologe riet meiner Mutter noch vor den Sommerferien, mich in therapeutische Behandlung zu geben. So hatte ich bald bei einer Psychologin jeden Mittwoch Therapie.

Nach den Sommerferien kam ich wieder in die Schule und meine Mutter wieder in die Klinik. Trotz therapeutischer Behandlung wurden meine Leistungen in der Schule immer schlechter, so daß ich am Ende des Schuljahrs unmöglich versetzt werden konnte. Also riet mir meine Therapeutin zu einem Klinikaufenthalt.

Erst hielt ich das Ganze für einen Scherz, aber als mir dann nach und nach bewußt wurde, daß sie es ernst meinte, merkte ich, wie schlecht meine Lage im Moment war. Ich wurde zu einem Vorstellungsgespräch eingeladen. Ich nahm mir fest vor, jeden Versuch, mich zu einem stationären Aufenthalt zu überreden, abzulehnen. Doch als ich dann die Station betrat, empfand ich, daß die Atmosphäre gut war, und ich wollte eigentlich gar nicht mehr weg. Dann hatte ich das Vorstellungsgespräch bei der Oberärztin. Aus dem Gespräch ergab sich, daß ich sehr schnell aufgenommen wurde, nämlich noch am selben Nachmittag. Es war ein Montag, das heißt, abends war Stationsversammlung. Dort sah ich zum erstenmal alle Patienten der Station 12 A gemeinsam. Ich fühlte mich direkt in diese Gemeinschaft eingeschlossen, und so ist es bis heute geblieben.

Nun bin ich seit einem halben Jahr hier, und ich sehe ein, daß es die einzig richtige Entscheidung war, hierher zu kommen. In der Klinikschule ging es erst genauso los wie in meiner alten Schule, doch dann wurde ich langsam immer besser. Ich machte wieder regelmäßig meine Hausaufgaben und arbeitete auch im Unterricht wieder besser mit. Nun kann ich mich selbst als guten Schüler bezeichnen, und ich fühle mich hier richtig wohl. Auch wenn es mir hier gut gefällt, bin ich froh, wenn meine Mutter und ich wieder aus dem Krankenhaus entlassen werden.

Patrick, 13

Schule – der reinste Horror!

Als ich sechs Jahre alt war, konnte ich es kaum abwarten, bis ich in die Schule kam. Ich freute mich riesig, denn zu Hause fand ich es stinklangweilig. Doch es kam völlig anders, als ich es mir vorgestellt hatte. Meine Klassenkameraden entdeckten, daß man mich wunderbar ärgern konnte. So begannen sie damit, mich zu hänseln und zu triezen. Ich konnte mich nicht wehren, und niemand half mir. Oft kam ich verheult und mit kaputten Klamotten zu Hause an. Meine Mutter verstand mich nicht, und ich fühlte mich total vernachlässigt.

In der zweiten Klasse bekamen wir einen anderen Lehrer. Danach ging es auch eine zeitlang gut, bis ein neuer Schüler in die Klasse kam, der mich nicht leiden konnte. Er ärgerte mich so sehr, daß ich nicht mehr in die Schule wollte, doch meine Mutter blieb hart und schickte mich immer wieder hin. Als ich mir gar keinen anderen Rat mehr wußte, lief ich von zu Hause weg. Aber ich wußte nicht, wo ich hingehen sollte, also ging ich am selben Tag wieder nach Hause. In der Schule war es für mich der reinste Horror. Alle aus meiner Klasse fanden es inzwischen amüsant, mich zu ärgern. Ich traute mich nicht mehr auf den Schulhof, weil ich sogar verprügelt wurde.

Nach der vierten Klasse ging ich in eine Gesamtschule. Dort lief alles gut, bis man auch dort herausfand, wie gut man mich ärgern konnte. Schlimm wurde es, als zwei Jungen von meiner alten Schule in meine Klasse kamen. Sie hänselten mich, und ich fing immer sofort an zu heulen. Das gefiel allen gut, und sie ärgerten mich immer so lange, bis ich heulte. Meinem Klassenlehrer ging das Theater mit mir allmählich auf die Nerven. Erst versuchte er, mich völlig zu ignorieren, doch dann bestellte er meine Mutter immer wieder in die Schule. Aber es änderte sich trotz der häufigen Gespräche nichts. Allmählich ließ mich auch mein Klassenlehrer mit meinem Problem allein. Es ging immer mehr den Berg runter. Nur meine beste Freundin hielt noch zu mir. Sie gab mir Tips, wie ich mich besser durchsetzen könnte. Ich versuchte es, aber wahrscheinlich machte ich wieder alles falsch. Meinem Lehrer gefiel mein verändertes, aggressives, aufmüpfiges Verhalten überhaupt nicht. In der neunten Klasse wollte er mich von der Schule werfen. Doch damit war ich ganz und gar nicht einverstanden. Zu seiner großen Überraschung wehrte ich mich. Ich wurde immer aggressiver. Am Ende wollte mich kein Lehrer mehr im Unterricht haben. Ich wurde nur noch rausgeschmissen.

Ich wußte mir keinen Rat mehr – war ich ruhig und zurückhaltend, machte man mich fertig, wehrte ich mich, so konnte man mich noch weniger akzeptieren. Mit keinem konnte ich über meine Not reden. So sah ich die Lösung aller Probleme im Selbstmord. Einmal schluckte ich Tabletten, die aber zum Umbringen nicht reichten, und das andere Mal versuchte ich, meine Pulsader aufzuschneiden, was auch nicht klappte. Meine Mutter kapierte endlich, wie ernst es um mich stand. Sie wußte sich auch keinen Rat, und so brachte sie mich in die Kinder- und Jugendpsychiatrie in Düsseldorf.

Jutta, 16

Katz und Maus

Ich hatte immer wieder diesen einen Traum: Ich kam in meine Klasse, und keiner von meinen Mitschülern redete mit mir. Sie lachten nur. Vor lauter Angst und Scham verwandelte ich mich in eine kleine, unscheinbare Maus. Ich wollte mich vor den anderen verstecken. Sie entdeckten mich aber trotzdem, und plötzlich verwandelten sie sich in riesige Katzen. Sie verfolgten mich, jagten mich durch die Klasse, und ich versuchte wegzulaufen. Aber ich konnte nicht, meine Füße waren wie festgeklebt. Ich hatte Angst, panikartige Angst. Sie kamen näher und näher, und schließlich gelang es einer der Katzen, mich zu packen. Gierig stürzte sie auf mich und wollte mich verschlingen. Zum Glück bin ich in diesem Moment aufgewacht. Ich war schweißgebadet und konnte nicht mehr einschlafen.

So wie im Traum erging es mir auch in Wirklichkeit. Ich weiß bis heute noch nicht, warum ausgerechnet ich für meine Mitschüler immer wieder das Opfer wurde. Ständige Lästereien und Hänselei mußte ich über mich ergehen lassen. Wenn ich im Unterricht etwas gesagt habe, lachten einige Mitschüler und lästerten: »Wie hört die sich denn an!« usw. Das spitzte sich so zu, daß ich es nicht mehr aushalten konnte und einfach nicht mehr zur Schule ging. Zum Glück kamen die Ferien. Doch irgendwann sind auch Ferien einmal zu Ende. Ich nahm mir vor, meine Mitschüler einfach zu ignorieren, sprach mir immer wieder selbst Mut zu, doch als dann am Morgen der Wecker klingelte, war ich wie gelähmt. Ich konnte mich vor Angst nicht mehr bewegen. Es war wie in meinem Traum: Die Füße waren wie festgeklebt. Ich konnte und wollte nichts mehr tun, also blieb ich im Bett. Ich verkroch mich, um mich vor der Angst zu schützen. Ich wollte nur noch schlafen. Das ging so einige

Monate, bis es meine Mutter nicht mehr aushielt. Sie ging mit mir in die Kindertagesklinik im Evangelischen Krankenhaus. Hier machte man einige Tests, ich hatte Therapie, und es ging mir etwas besser. Probleme hatte ich mit einer Ärztin, die mich zu sehr unter Druck setzte. Nach drei Monaten kam ich wieder auf meine alte Schule, allerdings in eine andere Klasse. Für fast ein Jahr war hier alles in Ordnung. Als ich ins achte Schuljahr kam, mußten wir alle in ein anderes Gebäude, in dem auch meine ehemaligen Mitschüler waren. Ich hatte Angst, ihnen zu begegnen. Und prompt fingen die Hänseleien wieder an. Natürlich bekamen das meine jetzigen Klassenkameraden mit. Nun fingen auch sie an, mich zu terrorisieren (ich hätte Leute schlecht gemacht, Sachen rumerzählt, die nicht stimmten usw.). Sie drohten mir, ich solle mich ja zusammennehmen und zurückhalten, sonst bekäme ich eine Menge Ärger. Nur einige in der Klasse hielten zu mir. Sogar meine beste Freundin war plötzlich gegen mich. Diese Quälerei hielt ich einen Monat aus, dann wurde es mir zu viel. Mir ging es richtig mies. Ich wollte nur noch weg und dachte sogar an Selbstmord.

Da ich nur noch zu Hause war, ging meine Mutter mit mir zum Schulpsychologischen Dienst. Mir wurde empfohlen, die Schule zu wechseln. Aber selbst der Gedanke an eine neue Schule machte mir angst. Meine Klassenkameraden ließen mich selbst zu Hause nicht in Ruhe. Sie terrorisierten mich telefonisch. Sie bedrohten mich, so daß meine Angstzustände immer schlimmer wurden. Ich wagte mich überhaupt nicht mehr auf die Straße. Dann kam es zu einem ernsthaften Zusammenbruch. Das war der Anlaß für meine Mutter, mit mir in die Kinder- und Jugendspychiatrie zu gehen.

Jessica, 16

Und immer wieder die Angst

Weshalb ich ständig von der Angst verfolgt werde, weiß ich bis heute noch nicht. Überall sehe ich sie, die ANGST. Sie begegnet mir in der Schule, im Klassenraum, auf der Straße, in öffentlichen Verkehrsmitteln.

Eigentlich fing das mit der Angst schon sehr früh an. Als kleines Kind durfte ich nicht an Sommernachmittagen raus, weil ich dann Kopfweh bekam. Erst abends, als alle Kinder zu Hause waren, ließ mich meine Mutter auf die Straße. Im Kindergarten spielte ich nie mit den anderen Kindern. Meine Eltern veranlaßten, daß ich oft den Kindergarten wechselte. Aber dadurch wurde alles nur noch schlimmer – ich spielte immer allein.

In der Grundschule wurde ich oft geärgert, weil ich nicht so schnell laufen konnte wie die anderen Kinder. Später hatte ich tatsächlich einmal eine Freundin. Dann kam ich in die Gesamtschule, blieb dort aber nur ein halbes Jahr, weil man mich ständig hänselte. Das konnte ich nicht mehr aushalten, also wechselte ich auf eine Realschule. Natürlich ging es genauso wie bisher weiter. Diesmal war es meine für eine 12jährige zu üppige Figur, die die anderen störte. Man machte mich auch hier fertig. Über ein halbes Jahr ertrug ich die Demütigungen. Dann aber entschloß ich mich, nicht mehr zur Schule zu gehen. Meine Eltern waren ratlos. Sie meldeten mich in einer Tagesklinik an, in der mir auch geholfen wurde, aber nur vorübergehend! Nach dem Aufenthalt in der Tagesklinik kam ich auf eine Montessori-Gesamtschule, in der ich es fast ein Jahr aushielt. Nachdem es auch hier wieder anfing mit den Demütigungen und schmerzlichen seelischen Verletzungen, blieb ich ein ganzes Jahr zu Hause.

Die Angst war immer und immer da. Sie verfolgte mich auf Schritt und Tritt. Nach verschieden Klinikaufenthalten, bei denen mir auch nicht geholfen werden konnte, blieb mir nur noch ein Ausweg: SELBSTMORD.

Ein Selbstmordversuch und sehr viel Angst brachten mich schließlich in die Kinder- und Jugendpsychiatrie Düsseldorf.

Hannah, 16

Wenn die Seele überläuft

»Mir ist schlecht!« Das mußten sich meine Eltern für knapp vier Jahre tagtäglich anhören. Und das schlimmste war, daß mir nichts und niemand helfen konnte, so dachte ich. Wir rannten von einem Arzt zum andern, aber meine Symptome nahmen an Intensität immer mehr zu und traten immer häufiger auf.

Im Januar dieses Jahres war es mir nicht mehr möglich, in die Schule zu gehen, mit öffentlichen Verkehrsmitteln zu fahren oder gar das Haus zu verlassen. Wenn ich mich diesen Situationen aussetzte, wurde mir »kotzschlecht«, ich bekam starke Kopfschmerzen, mein Puls beschleunigte sich auf 180-200 Schläge pro Minute, mir wurde abwechselnd heiß und kalt, ich bekam Schweißausbrüche, begann am ganzen Körper zu zittern und bekam Panikgefühle, die zu sofortiger Flucht führten. Wenn ich (z.B. im Bus) nicht die Möglichkeit hatte zu flüchten, begann ich, mich selbst zu verletzen. Ich kratzte solange an einer Stelle herum, bis sie anfing zu bluten. Dieser körperliche Schmerz lenkte mich irgendwie ab.

Mein Hausarzt verschrieb mir ein ziemlich starkes Beruhigungsmittel, das mir mein Leben etwas erleichterte. Ich erzählte ihm, daß ich schon alle möglichen Beruhigungstabletten, die wir zu Hause hatten, in mich hineingeschüttet hätte, z.B. Schlaftabletten, Baldrian, Visiual, Taror (Softdroge) usw. Ich hatte mir mehr als einmal überlegt, mich umzubringen, wovon außer meiner Freundin, die mir die ganze Zeit zur Seite stand, niemand etwas wußte. Mein Hausarzt riet mir, mich an einen Psychologen zu wenden, was ich dann auch tat. Ich wandte mich an die Jugend- und Drogenberatungsstelle Solingen, wo ich prompt Therapietermine bekam.

Aber meine Symptome verschlimmerten sich weiter und traten auch häufig zu Hause auf. Ostern war es so heftig, daß ich am Tag nicht mehr als eine trockene Scheibe Brot und eine Tasse Tee zu mir nehmen konnte. Ich konnte nicht fernsehen, weil mich die häufigen Bildwechsel zu nervös machten. Ich dosierte meine Medikamente, wie es mir gefiel, weil die Wirkung immer mehr nachließ. Meine Therapeutin erzählte schließlich meiner Mutter und mir von dieser Klinik. Sie sagte, es sei das beste für mich. Meine Eltern waren einverstanden, und so wurde meine Aufnahme für den 30. April organisiert. In den ersten Wochen dort fand ich es furchtbar, weil die Ärzte mir keine Medikamente gaben. So mußte ich weiter mit dieser Unruhe leben. Ich hatte erwartet, daß sich alles von einem Tag auf den anderen ändern würde, was natürlich nicht geschah. Mittlerweile denke ich anders. Ich denke, es war das beste, was ich machen konnte, als ich mich entschied, hierher zu kommen. Meine Symptome sind rapide zurückgegangen, und sie treten nur noch manchmal auf. Ich hoffe, daß ich bald soweit bin, ein neues Leben zu beginnen.

Pamela, 16

Mein Alptraum

Da ist eine duftende Sommerwiese an einem Hang. Oben ist meine Mutter. Meine Schwester und ich wandern hinauf. Als wir sie ansprechen, dreht sie sich um. Sie hat eine Schere in der Hand. Sie sagt uns, daß wir böse seien und wirft uns vor, etwas falsch gemacht zu haben. Als Strafe und Warnung packt sie meine Hand und schneidet mir eine Fingerkuppe ab. Ich blute und schreie vor Schmerz. Doch das interessiert sie nicht. Sie ist zufrieden.

Einen Tag später läuft die gleiche Prozedur noch einmal ab. Dieses Mal vor unserem Haus, und das Opfer soll meine Schwester sein. Das kann ich nicht zulassen. Ich kann nicht verstehen, was in meine Mutter gefahren ist, daß sie so etwas tun kann, daß sie plötzlich so böse geworden ist.

Ich greife sie an, und es gibt ein Handgemenge, wobei ich die Schere zu packen bekomme. Ich hole aus und steche ihr die Schere in den Hals. Sie bricht blutüberströmt zusammen. Meine Hände und Kleidung sind ganz rot. Ich sehe ungläubig auf die Schere und meine Mutter und wache auf.

Pamela, 19

Zorn

Ich starrte vor mich,
sah den Film der Vergewaltigung vor mir,
und ich kämpfte. Ich gab mir ja die Schuld für das Passierte,
sollte ich mich selbst anklagen?

Man nannte mich Sonnenschein

Ich wuchs in einer »wohlbehüteten« Familie, bestehend aus Vater, Mutter und Bruder, auf. Durch die angespannte Beziehung zwischen meinem älteren Bruder und meinen Eltern lernte ich sehr schnell, angepaßt, pflegeleicht und immer »gut drauf« zu sein, um Streit oder Ärger zu vermeiden. Im Dorf nannte man mich »Sonnenschein«, immer fröhlich, freundlich und hilfsbereit; ein Kind ohne Probleme. Gefühle zuzulassen, hatte ich verlernt, ich lebte mit einer Maske, ohne es zu merken.

Mit elf Jahren passierte das Entscheidende in meinem Leben: Ich wurde von guten Freunden vergewaltigt. Gelernt, mich jemandem anzuvertrauen, hatte ich nie, und eine Person, der ich hätte vertrauen können, gab es auch nicht. Ich gab mir ja die Schuld für das Passierte, sollte ich mich selbst anklagen?

Ich versuchte, das Geschehene zu verdrängen. Ging diese Rechnung auf? Einige Monate später begann mein Anfallsleiden. Diese Anfälle, ja, was stellt man sich darunter vor? Ich hatte Schwierigkeiten, Luft zu bekommen, verkrampfte mich und starrte vor mich hin, von allem um mich herum nahm ich nichts wahr. Nach einiger Zeit veränderten sich diese Zustände. Ich schlug zusätzlich um mich, wobei ich mir häufig blaue Flecken und Prellungen zuzog. Auffällig war, daß ich diese Zustände meistens in der Schule oder auf sonstigen Veranstaltungen mit vielen Leuten bekam. Heute denke ich, daß ich mich unter vielen Menschen wahrscheinlich bedroht fühlte.

Zwei Jahre lang rannte ich von Arzt zu Arzt, die alle an mir herumdokterten, allergisches Asthma und Epilepsie feststellten; auf letzteres einigte man sich schließlich, und ich wurde eineinhalb Jahre lang medikamentös behandelt, jedoch ohne Erfolg. Meine Anfälle häuften sich, so daß ich von Klinik zu

Klinik ging und schließlich mit gerade 15 Jahren in die Psychiatrie kam.

Dort in meiner Anfangszeit hatte ich Halluzinationen: Die ganze Station war voller Männer, die mich umbringen wollten. Ich war verschüchert und ängstlich durch die neue Situation und brauchte sehr viel Liebe und Zuwendung. In der Therapie lernte ich durch Bilder, die ich malte, über mich zu sprechen. Zum ersten Male spürte ich, was in mir war, welches Chaos in mir herrschte. Verunsichert und ängstlich, einen riesen Berg von Problemen vor mir sehend, lebte ich vor mich hin. Es war ein Leben aus Höhen und Tiefen, durch Therapie und Medikamente gestützt, das oftmals einem Dahinvegetieren glich. Ich fühlte mich total überfordert und wollte nicht mehr leben. Ich startete Selbstmordversuche, die doch nie mehr als Hilferufe waren, aber man nahm mich ernst und versuchte, mich zu entlasten.

Mit den Patienten kam ich recht gut aus, wenn wir auch alle sehr unterschiedliche Geschichten und Probleme hatten. Ich lernte auch eine ganze Menge im Umgang mit der Gruppe, ich entwickelte sogar ein Stück Selbstbewußtsein. Das Thema Mißbrauch sprach ich in der Therapie fast gar nicht an. Ich fühlte mich überfordert, die Erinnerungen brachen immer wieder in meinen Anfällen auf. Ich starrte vor mich hin, sah den Film der Vergewaltigung vor mir, und ich kämpfte. Diese Kämpfe verlor ich immer wieder. Mit 15 Jahren ist man ja durchaus in dem Alter, in dem man erste Erfahrungen mit der Liebe macht. Ich jedoch hatte immer noch Angst vor Männern und vor allem vor Berührungen. In den dreieinhalb Jahren ging ich trotz alledem viele Beziehungen ein. Diese brach ich aber häufig sehr schnell ab, bevor sie meine Grenzen überschritten. Bei einigen gab es schon eine Spur von Liebe. Es gab da aber auch eine andere Seite von mir, die mich sehr erschreckte. Wenn ich Zeiten hatte, in denen ich mich schlecht und, egal wofür, schuldig fühlte, entwickelte ich den Drang, mich selbst zu bestrafen. Ich ging in diesen Zeiten sehr viele Beziehungen zu häufig wesentlich älteren und nicht immer alleinstehenden Männern auf rein sexueller Ebene ein. Das hatte schon eine sehr masochistische Seite. So bestätigte ich immer wieder das Bild, das ich von mir hatte.

Während meiner Therapiezeit starb mein Vater an Lungenkrebs. Die Beziehung zu meinem Vater war immer distanziert. Auf seine Art versuchte er, mir Liebe zu geben, da er jedoch nie lernte, Liebe zu zeigen, waren es oft hilflose Versuche. Wenn wir zusammen waren, fühlte ich einen ständigen, einengenden Druck, so als ob ein Mantel über mich gelegt wurde. Er liebte mich, da war ich sicher, und ich haßte ihn insgeheim, jedoch nicht ohne Liebe. Wir hatten leider vor seinem Tod nicht mehr die Gelegenheit, offen über unsere Gefühle zu reden. Der Tod meines Vaters warf mich aus dem Gleichgewicht. Da er in dem Jahr davor schon sehr abbaute und sich quälte, machte mir diese Situation angst und Schuldgefühle. Ich konnte ja nur zuschauen. Als er dann starb, war ich wie zerrissen. Ich konnte nicht einmal weinen. Die Ärztin der Station und die Mitarbeiter waren mir und meiner Mutter eine große Hilfe. Meine Anfälle hörten auf, und ich lebte weiter. Meine eigenen Anforderungen waren auch nicht gerade gering, so daß ich mich zusätzlich zu den sonstigen Problemen überforderte. Doch Mitte 92 erreichte ich nach einigen Anläufen meinen Schulabschluß, nicht ohne Stolz – 10 B mit Qualifikation.

Um zu verstehen, welches Chaos in mir war, hier einige Aufzeichnungen aus meinem Tagebuch. Zur Vorkenntnis: mein Vater starb im Juli 90.

11.12. Ich fragte R., ob mein Vater angerufen habe, er sagte, mein Dad würde niemals mehr anrufen. Was soll das? Haben sie Dad verboten, mich anzurufen? Warum? Hat er angerufen, und sie haben mich nicht benachrichtigt? Was habe ich getan, warum lassen sie mich nicht mit meinem Vater sprechen? Dad hat versprochen anzurufen, er hält sein Versprechen immer, oder nicht? Wem soll ich glauben? Was habe ich getan? Der

Tag war O.K. Ich glaube nicht, daß es eine Rechtfertigung seitens der Erzieher gibt, mich von meinen Vater fernzuhalten. Ich bin sauer; warum sagt R., Dad würde nicht mehr anrufen? Habe ich was falsch gemacht? Ich frage gleich mal, ob ich zu Hause anrufen darf. Ich will wissen, was passiert ist.

Ich frage nach, unsere Oberärztin sagt, daß mein Vater tot sei. Nein, Dad sagte am Sonntag noch, daß er anrufen und wir einen Tag Weihnachtsgeschenke einkaufen würden. Was erzählen die alle? Ich finde, diese Späße gehen zu weit.

12.12. Meine Medikamente werden erhöht, ich fühle mich gut, frag mich, warum?

Alle sagen, mein Vater würde bestimmt nicht anrufen; die verstehen das alle nicht. Ich warte den ganzen Morgen vor dem Telefon, damit kein Erzieher abnehmen und meinem Vater verbieten kann, mich anzurufen. – Die wollen mich verrückt machen. Was haben die gegen mich, was soll das? – Die haben sich alle gegen mich verbündet, die wollen mich kaputt machen.

13.12. Und mein Papa hat angerufen: Morgen machen wir beide einen Weihnachtseinkaufsbumnmel, wir zwei, er war ganz lieb und sagte, er würde sich freuen, mich wiederzusehen. Ich traute mich nicht zu fragen, warum er mich nicht vorgestern angerufen hat, ich werde ihn morgen fragen. Nein, den Erziehern erzähle ich nicht, daß ich den Anruf abgefangen habe. Ich freue mich schon auf morgen. Vielleicht bekomme ich ja beim Bummeln mit, was sich Dad wünscht.

14.12. Ich kann nicht mehr. Jetzt ist es 20.00 Uhr, und Dad ist immer noch nicht da. Warum läßt er mich allein? Warum verspricht er mir Dinge, die er nicht hält? Hoffentlich ist ihm nichts passiert! Ich wollte raus, doch die Tür war abgeschlossen, und sie wollen mich nicht rauslassen, alle sind gegen mich. Was ist, wenn er an der Pforte auf mich wartet? Die alle wollen nicht, daß ich Papa liebhabe. Ich habe sie durchschaut, die haben Papa bestimmt gesagt, er soll nicht kommen. Die hassen mich, die wollen mich kleinkriegen. Ich will durch die Tür, als unsere Oberärztin kommt, sie hält mich fest und sagt, ich könne nicht raus. Sie will nicht, daß ich anrufe, sie will nicht, daß ich rausgehe, genau wie alle anderen, sie hassen mich, was habe ich getan? Ich fühle mich durcheinander.

15.12. Geschlafen

16.12. Geschlafen

17.12. R. sagt, das einzige, was ich jetzt tun müsse, sei, sich auf mich zu besinnen. Darauf solle ich mich konzentrieren, darauf käme es an. Ich möchte fliehen, bin aber gefangen von mir selbst. Ich fühle mich schlecht. Warum laßt ihr mich nicht in Ruhe?

18.30 Uhr. Ruhe, das ist wahrscheinlich das, was ich momentan am meisten brauche, ich werde den Druck im Kopf und im Magen nicht los. Ich bin traurig und niedergeschlagen, fühle mich, als ob ich platzen müsse. Ob Papa mich am Wochenende besuchen kommt? Ich versteife mich nicht darauf, sonst bin ich nachher nur enttäuscht. Ich bin so müde.

Bianca, 21

Warum?

Warum gelb und nicht rot?
Warum rot und nicht tot?
Warum hart und nicht weich?
Warum schwer und nicht leicht?
Warum reich und nicht arm?
Warum kalt und nicht warm?
Warum flüssig und nicht fest?
Warum falsch und nicht echt?

Bianca, 21

Ich konnte nicht Nein sagen

Es fing an, als ich ungefähr vier Jahre alt war. Ich war noch klein und dumm und wußte nicht, was das ist, mißbraucht zu werden.

Immer, wenn meine Mutter nicht da war, hat mein Vater die Gelegenheit benutzt, um mich zu betatschen. Wenn ich geweint habe oder weglaufen wollte, hat er mich geschlagen. Ich konnte nicht Nein sagen, weil ich Angst hatte, mein Vater würde mich wieder schlagen.

Mein Vater hat mich überall angefaßt und mir seinen Penis gezeigt. Er zwang mich immer wieder, ihn anzufassen. Ich ekelte mich so davor, daß mir schlecht wurde. Ich wurde geschlagen und immer wieder geschlagen, wenn ich es nicht machen wollte. Schließlich tat ich es doch, weil ich noch mehr Angst bekam und in Panik geriet. Danach hat er sich immer einen runtergeholt, und ich mußte zusehen. Jedesmal habe ich dabei geweint.

Ich wurde ungefähr bis zu meinem 10. Lebensjahr von meinem Vater mißbraucht. Jetzt bin ich vierzehneinhalb Jahre alt, und wenn ich mich daran erinnere, finde ich es immer wieder schrecklich. Ich habe so einen Zorn auf meinen Vater, daß ich ihn am liebsten umbringen würde. Wegen dieser schrecklichen Erlebnisse habe ich heute große Probleme. Ich ekele mich vor mir selbst und habe große Schwierigkeiten mit Jungen. Wenn mich ein Junge an bestimmten Stellen berührt, werde ich hysterisch, ich gerate in Panik und möchte weglaufen.

Jetzt bin ich schon fünf Monate in der Kinder- und Jugendpsychiatrie, in der mir hoffentlich geholfen werden kann. Allen, die ähnliches erlebt haben wie ich, möchte ich dringend raten, nicht so lange zu schweigen. Wenn euch eure Mutter nicht helfen kann oder will, dann wendet euch unbedingt an eine Jugendberatungsstelle (oder Pro Familia). Ich hoffe nur, daß es für mich nicht schon zu spät ist.

Vivien, 14

Leider liebe ich meine Eltern

Es fällt mir nicht leicht, meine Geschichte zu schreiben, denn es tut verdammt weh, die schmerzlichen Erinnerungen wiederzubeleben. Mir ist aber auch bewußt, daß das Schreiben befreit, Klarheit schafft und so eine Art Therapie sein kann. Deshalb schreibe ich meine Geschichte auf.

Ich stritt mich fast jeden Tag mit meiner Mutter. Sie regte sich über jede Kleinigkeit auf und setzte sich immer wieder durch. Meine Mutter übte immer so geschickt Druck auf mich aus, daß ich jedesmal nachgab. Mein Stiefvater war die Ruhe in Person. Er sagte nie etwas, wenn meine Mutter mich schlug oder wir irgendwelche Auseinandersetzungen hatten. Er hatte wahrscheinlich selbst Angst vor ihr. Es passierte auch oft, daß meine Eltern sich stritten oder sogar schlugen, wenn sie (oder wir) aus den Kneipen zurück kamen.

Einmal passierte etwas besonders Schreckliches. Meine Eltern und ich waren wieder mal trinken gegangen. Als wir betrunken zu Hause ankamen, hat mich meine Mutter in eine Situation gebracht, die ich niemals vergessen kann. Ich mußte mich auf den Befehl meiner Mutter von einem fremden Mann anfassen lassen. Ich kann von Glück sagen, daß ich das Schlimmste, nämlich mit diesem Mann schlafen zu müssen, verhindern konnte. Das Härteste war dann noch, daß mich meine Mutter mit Worten wie Hure, Nutte und Dirne beschimpfte. Das sagte eine Mutter zu ihrer eigenen Tochter! Dabei hat meine Mutter mich nach Kneipengängen immer wieder in solche Situationen gebracht. Meine Mutter schreckte wirklich vor nichts zurück.

Wenn mein Vater getrunken hatte, war er immer mutig, aber wehe, er war nüchtern, dann verkroch er sich in sich selbst.

Trotzdem verstand ich mich mit ihm gut. Meine Mutter war eifersüchtig auf unsere gute Beziehung, und sie beschuldigte mich, ein Verhältnis mit meinem Vater zu haben. Sie steigerte sich dermaßen in Wut, daß sie meinen Vater und mich nach einem der üblichen Kneipengänge und nach einem heftigen Streit nicht in die Wohnung ließ. Ich bin dann die ganze Nacht mit meinem Vater durch die Straßen gelaufen. Am Ende haben wir zwei oder drei Stunden in einer Telefonzelle geschlafen. Gegen 6.30 Uhr gingen wir zum Bäcker. Mein Vater trank eine Tasse Kaffee. Ich selbst bekam nichts runter. Mir war vor Aufregung so schlecht, daß ich beinahe zusammengebrochen wäre. Gegen Mittag ließ meine Mutter uns endlich wieder in die Wohnung. Am späten Nachmittag vertrugen wir uns wieder.

Meine Mutter wußte nie, wie weh sie mir getan hat. Das alles habe ich bis heute nicht vergessen. Doch leider liebe ich meine Eltern so sehr, daß ich mich nicht von ihnen trennen kann. Ich glaube, ich würde meinen Eltern alles verzeihen. Ich hatte keine Kindheit und erlebe auch meine Jugend nicht wirklich. Doch trotzdem gehe ich für meine Eltern durchs Feuer.

Claudia, 15

Ich will lieben und geliebt werden, Zärtlichkeit geben und bekommen, Geborgenheit geben und fühlen, verstanden und gebraucht werden.

Gefühle zu verbergen und zu unterdrücken, ist falsch, ich weiß, aber ich habe Angst davor, abgewiesen zu werden. Ich lebe so, wie alle mich gern haben wollen: fröhlich, lustig, lieb, niemals traurig, wütend oder arrogant.

Alles wäre viel besser gelaufen, wenn meine Mutter bei mir geblieben wäre. Wieso hat sie mir das angetan? Ich vermisse die Geborgenheit meiner Mutter und finde diese nur bei einer Freundin, nicht bei einem Freund. Ich habe meinen Vater nie kennengelernt, die Nähe eines Mannes nie gehabt, und heute kann ich damit nichts anfangen. Ich hab schon so viele Freunde gehabt, aber nie habe ich diese Geborgenheit gefühlt, nie. Nachdem mein Onkel mich sexuell mißbraucht hat, glaube ich, daß die Jungen nur meine Nähe suchen, um ihre sexuellen Bedürfnisse zu befriedigen.

Wenn mir ein Junge sexuell näher kam, erinnerte ich mich an ganz schreckliche Erlebnisse: Wie meine Mutter von ihrem Freund immer geschlagen und vergewaltigt wurde. Meine Mutter übergab sich dann und weinte den ganzen Tag. Ich schrie den Freund meiner Mutter an. Ich wollte meine Mama beschützen, doch mit vier Jahren kann man einfach nur hilflos zusehen. Ich fing an, diesen Mann zu hassen. Eines Tages fuhr meine Mutter mit ihm nach Italien und ließ mich hier in Deutschland bei meiner Oma allein. Sie kehrte nie wieder zu mir zurück.

Dreizehn Jahre ist dies jetzt her, und immer noch frage ich mich: »Was habe ich falsch gemacht, daß meine Mama mich nicht mehr wollte?«

Liebte sie diesen Mann so sehr, daß sie mit ihm ein neues Leben beginnen wollte, ohne das Kind (ich) eines anderen Mannes, der sie doch im Stich gelassen hat?

Daniela, 18

Schwärme von Piranhas

Es fing damit an, daß ich nachts nicht mehr ruhig schlafen konnte. Ich träumte von einer Schlucht, durch die ein Fluß floß. Meine Eltern, meine Schwester und ich wurden von Leuten verfolgt, die uns umbringen wollten. Wir liefen und liefen, durch Matsch und Gebüsch. Plötzlich kamen wir an eine tiefe Schlucht. Wir versuchten rüberzuspringen. Ich zuerst – ich schaffte es. Dann sprang mein Vater, er aber stürzte ab, und ganz tief unten im Fluß waren Schwärme von Piranhas. Wir mußten hilflos zusehen, wie unser Vater von ihnen zerfleischt wurde! Meine Mutter war untröstlich. Da plötzlich sagte sie: »Deine Schwester ist weg!« Wir suchten aufgeregt, fanden sie aber nicht. Schließlich fanden wir ein kleines Skelett. Daneben lag die Kette meiner Schwester mit ihrem Namen. Meine Mutter brach zusammen. Dann zogen wir beide weiter und kamen wieder an eine Schlucht, in der tief unten ein Fluß mit vielen Piranhas floß. Meine Mutter versuchte den Sprung, schaffte es aber nicht. Jetzt war ich ganz allein!

Plötzlich klingelte und tickte etwas – mein Wecker. Ich lag schweißgebadet in meinem Bett und wünschte, ich wäre nie in diesen Alptraum gekommen!

Theresa, 16

Das Geburtstagsgeschenk

Ich heiße Cindy und bin in Italien geboren. Als ich zwei Jahre alt war, sind meine Eltern mit mir nach Deutschland gezogen. Das war keine schöne Zeit für mich, denn mein Vater hat sowohl meine Mutter als auch mich unter Einfluß von Alkohol ständig geschlagen. Mein Vater ist nämlich Alkoholiker. Meine Oma, die ich sehr gern habe, bekam mit, daß mein Vater mich mißhandelte. Deshalb bestand sie darauf, daß ich bei ihr in Italien leben sollte.

So geschah es auch; ich lebte nun fast bis zu meinem 12. Lebensjahr in Italien bei meiner Oma. Bei ihr bekam ich immer alles, was ich wollte, vor allem Liebe. Sie war meine wichtigste Bezugsperson. Ich hatte volles Vertrauen zu ihr. Sie konnte mich am besten von allen verstehen. Aber diese Harmonie wurde durch ein schreckliches Ereignis durchbrochen. Zwei Cousins von mir vergewaltigten mich, und das war wie ein »bißchen sterben«. Seit dieser Zeit habe ich mich immer mehr zurückgezogen. Ich konnte auch mit niemandem darüber sprechen. Vertrauen konnte ich nun keinem Menschen mehr. Deshalb kam mir ein Angebot meiner Mutter, nach Deutschland zu kommen, gerade recht. Meine Mutter war zu dieser Zeit schwanger, und ich sollte auf meinen dreijährigen Bruder aufpassen. Darauf freute ich mich sehr. Aber meine Oma konnte meine Freude nicht teilen. Sie warnte mich vor meinem brutalen Vater. Ich hörte nicht auf sie, ging nach Deutschland, und brach damit meiner Oma das Herz.

Meine Oma sollte Recht behalten, denn gleich nach meiner Ankunft in Deutschland, es war drei Tage vor meinem Geburtstag, stritten sich meine Eltern so heftig, daß ich am liebsten sofort wieder nach Italien gefahren wäre. Bei einer

Auseinandersetzung schlug mein Vater meine schwangere Mutter so, daß sie ihr Kind verlor. Mein kleiner Bruder saß weinend auf meinem Schoß und fragte, ob Mami sterben würde. Ich beruhigte ihn, und nach einer Gute-Nacht-Geschichte schlief er friedlich ein.

Dann kam mein 12. Geburtstag am 4. Februar, den ich in meinem Leben nie vergessen werde. Meine Mutter lag noch im Krankenhaus. Mein Vater sagte mir, er habe ein besonderes Geschenk für mich. Er kam in mein Zimmer und sagte, ich solle mich ausziehen. Ich hatte Angst und weigerte mich. Da zerriß er mir meine Kleider und vergewaltigte mich. In diesem Augenblick mußte ich an die Worte von meiner Oma denken.

Diese Vergewaltigungen und Mißhandlungen gingen dreieinhalb Jahre lang. Meine Mutter bekam das natürlich auch mit, aber sie hatte Angst vor meinem Vater, und deshalb unternahm sie nichts gegen ihn. Ich konnte es aber nicht mehr aushalten und versuchte, mich mit Tabletten umzubringen.

Zum Glück klappte es nicht, und nun bin ich in der Kinder- und Jugendpsychiatrie gelandet.

Cindy, 16

Fressgeschichten

Fressen bis zum Erbrechen, weil das Leben zum Kotzen ist.
Hungern bis zum Tode aus Hunger nach Leben.

Fressattacke

Ich bin allein zu Hause und sitze vor dem Fernseher. Ich denke nach, aber nicht über den Film oder die Sendung, die ich gerade gucke, sondern über das Essen. Mein Magen knurrt, weil ich den ganzen Tag noch nichts gegessen habe, aber das will ich mir nicht eingestehen. Ich will doch stark sein, ich rede mir ein, daß dieses Gefühl ein schönes Gefühl ist, und daß dieses Gefühl genau das Gefühl ist, was man hat, wenn man satt ist. Ich rede es mir ein, obwohl ich schon lange nicht mehr weiß, wann ich Hunger habe und wann nicht. Ich kann diese beiden Gefühle nicht mehr auseinanderhalten, denn zu oft habe ich mich und meinen Körper getäuscht.

Für eine halbe Stunde schaffe ich es auch, stark zu bleiben und rede mir genau dies ein, doch dann breche ich zusammen. Mein Körper hat die Strapazen schon zu lange durchgemacht und wehrt sich nun wieder einmal mit seinen üblen Freßattacken. Ich versuche verzweifelt, dagegen anzukämpfen, versuche, vernünftig zu sein und hole das Kniffelspiel als Ablenkungsmanöver aus dem Schrank. Ich fange an zu spielen, aber auch dies klappt nicht mehr. Ich kann nichts mehr tun, und so gehe ich zum Kühlschrank und fange an, ihn zu plündern. Ich öffne die Tür und schaue gierig auf den Inhalt. Natürlich ist für solche Momente nie das richtige eingekauft, aber das ist mir relativ egal, da diese Nahrung meinen Körper sowieso wieder nach kurzer Zeit verlassen wird. Ich nehme den Kampf auf. Hastig suche ich alle Sachen aus dem Kühlschrank zusammen und stelle sie auf ein Tablett. Schnell hole ich das Brot aus dem Brotkasten, die Milch aus dem Regal, die ich sonst nicht trinke (3,5 % Fett). Schließlich gehe ich noch an den Gefrierschrank und hole Eis heraus.

Dann begebe ich mich mit dem Tablett ins Wohnzimmer und ziehe mich um. In solchen Situationen muß ich unbedingt weite Sachen tragen. Ich entledige mich meiner Jeans und meines Pullovers und ziehe nur den extra für solche Sachen vorgesehenen sehr weiten Pullover an. Ich setze mich und schaue mir die Lebensmittel genau an: Da liegen Wurst, Käse, der sehr wichtig ist, da dieser den Magenausgang verstopft, Marmelade, Joghurt, Brot, Obst, und halt – mir fällt auf, daß noch etwas ganz Entscheidendes fehlt: Ich habe die Schokolade vergessen. Schnell stehe ich auf und gehe zum Wohnzimmerschrank, öffne die Tür, nehme ein paar Tafeln heraus und begebe mich wieder auf mein Sofa. Ich stehe jedoch auf, als mir einfällt, daß ich ja auch noch eine Pizza oder Pommes essen könnte. Schnell gehe ich in die Küche und überlege. Heute nehme ich doch lieber Pizza und schiebe sie in den Backofen.

Wie automatisch gehe ich in das Wohnzimmer zurück und fange an, mir mein erstes Butterbrot zu schmieren. Das erste Brot wird immer mit Käse gegessen, damit ich noch etwas mehr Zeit für diesen ganzen Krempel habe. Als nächstes ist das Eis an der Reihe. Die Magenenzyme können Kaltes nicht gut spalten, und so wird es nun heruntergeschlungen. Mittlerweile ist die Pizza fertig, und ich esse nicht mehr und genieße, sondern ich schlinge schon und bekomme von dem Geschmack nichts mehr mit. Es ist einfach nur noch etwas, was man zu sich nimmt, um eine große Gier zu stillen. Jetzt kommt der Joghurt. Ganze drei Stück esse ich von diesen 250ml-Bechern. Nun kommen noch zwei Bananen, drei Birnen und ein Apfel. Eine Scheibe Brot mit irgendwas, was es ist, kann ich in dem Zustand nicht mehr identifizieren, schlinge ich runter. Zwischendurch habe ich auch noch mein Getränk runtergekippt und bin nun bei der Nachspeise angelangt. Die Schokolade ist jetzt an der Reihe. Eineinhalb Tafeln schaffe ich noch, aber dann kann ich mich nicht mehr bewegen und muß aufhören. Ich liege auf der Couch und fange an, meine zwei Flaschen Wasser zu trinken, die ich grundsätzlich nachher trinke.

Eine halbe Stunde habe ich jetzt Zeit, bevor ich mich zur Toilette begeben muß. Der Inhalt meines Magens muß erst etwas zersetzt sein, sonst kriege ich ihn nicht heraus. Nun fängt die Panik an. Ich habe Angst, daß plötzlich jemand nach Hause kommt, und ich nicht mehr auf die Toilette gehen kann. Eine Tortur beginnt. Endlich ist die halbe Stunde vorbei, und ich gehe auf die Toilette. Es ist schon Routine, alles kommt von alleine heraus. Ich brauche ungefähr zwanzig Minuten im Bad, dann ist mein Magen wieder leer. Ich versuche, den alten Zustand wiederherzustellen und mache das Bad sauber. Ich sprühe Parfüm und wasche mich, weil ich mich ekelhaft fühle.

Mit Halsschmerzen von der Magensäure mache ich dann das Wohnzimmer wieder ordentlich und räume alles weg. Ich ziehe mich um und setze mich, und genau da geht die Tür auf. Wieder bekomme ich Angst. Werden sie es merken? Ich werde gefragt, warum es im Bad so nach Parfüm riecht, und ich sage: »Weil ich gerade auf Toilette war.« Glauben sie mir das noch? Ich hoffe. Für heute habe ich diese Phase überstanden, aber die nächste kommt bestimmt.

Silke, 16

Das Mastschwein in der Box

Warten
Auf Punkte im Tag
Auf Besuch
Aufs Essen
Aufs Wochenende
Aufs Christkind
Auf bessere Zeiten
Aufs Verfetten
Warten hilft nichts

Jenny, 18

Ich empfand ihn wie einen Eindringling, wie einen Störenfried, als einen, der den Frieden unserer kleinen Familie (Mutter, Bruder und ich) bedrohte. Er, das war mein neuer Vater, mein Stiefvater, von dem ich mich von Anfang an abgelehnt fühlte. Von meiner Mutter fühlte ich mich verraten, im Stich gelassen. Eine unglückliche Liebe zu einem Jungen, der es vorzog, mit meiner besten Freundin zusammen zu sein, brachte das Faß zum Überlaufen. Irgendeinen Grund für die allgemeine Ablehnung mußte es wohl geben, also machte ich mein Äußeres dafür verantwortlich. Ich fühlte mich dick und häßlich (obwohl völlig unbegründet, wie ich heute einsehe), und so machte ich in den Sommerferien eine ziemlich krasse Diät. In fünf Wochen nahm ich zehn Kilo ab und hatte eine wirklich gute Figur. So richtig schlank fühlte ich mich aber immer noch nicht. Also nahm ich weitere zehn Kilo ab. Wenn ich mir heute die Fotos aus dieser Zeit anschaue, kann ich keinen Gefallen an dem dürren Mädchen finden, aber damals war ich wahnsinnig stolz auf meine 44 kg bei einer Körpergröße von 1,67 m. Ich ernährte mich nur noch von kalorienarmer Nahrung, und mein Lebensinhalt bestand aus Kalorienzählen. Wenn ich tatsächlich mal etwas mehr als meine 1500 Kalorien gegessen hatte, zwang ich mich dazu, zwei Stunden lang in meinem Zimmer Gymnastik zu machen, damit ich bloß nicht zunahm. Hatte ich tatsächlich einmal ein Kilo mehr auf den Rippen, so bekam ich einen Heulkrampf und hungerte mir dieses Kilo sofort wieder ab.

Zu dieser Zeit interessierten sich meine Eltern, die vorher sehr mit sich beschäftigt waren, wieder etwas mehr für mich. Sie gingen sehr vorsichtig mit mir um. Vielleicht wirkte ich auf sie nun sensibel und zerbrechlich. Meine Dünnhäutigkeit verunsicherte sie und machte ihnen Angst. Heute denke ich, daß das auch der Grund meiner Magersucht war. Meine Eltern kümmerten sich endlich wieder um mich, also durfte ich um keinen Preis wieder zunehmen.

Ich schaffte es, mein Gewicht ein Jahr lang zu halten. Doch dann hielt ich es nicht mehr aus, auf Schokolade, Pizza, Pommes usw. zu verzichten. So bekam ich, anfangs nur ab und zu, später in immer kürzeren Abständen, Freßanfälle, bis ich schließlich nur noch alles in mich hineinstopfte. So nahm ich in zwei Monaten 20 kg zu! Ich traute mich in dieser, wie ich fand, abstoßenden Figur nicht mehr unter die Leute, ging nicht mehr in die Schule und konnte mich selbst nicht mehr ausstehen. Aus meiner Magersucht wurde Bulimie: Freßanfälle, Brechen, Hungern, Fressen usw.

Eines Abends, als meine Eltern nicht zu Hause waren, suchte ich alle Tabletten, die wir im Haus hatten, und schluckte sie so schnell wie möglich hinunter, denn ich wollte nur noch raus aus diesem Körper, den ich so haßte. Meine Eltern kamen früh genug nach Hause, so daß sie sofort etwas unternehmen konnten. Nach der medizinischen Ver- bzw. Entsorgung erkannte man, daß ich dringend Hilfe brauchte, und so landete ich in der Kinder- und Jugendpsychiatrie.

Franziska, 16

D-drall – I-iiieeh! – C-cellulitis – K-kilos

Ich nehme zu.
Ich werde fett.
Siehst Du?
Der Bauch ist rund, die Batzen quabbeln, wabbeln, platzen,
Cellulitis und Orangenhaut sind bald überall,
Wo man hinschaut.
Pausbäckchen wie frisch vom Lande,
Glänzen wie Fettaugen auf der Samstagssuppe.
Faul bin ich und nichtsnutzig.
Gammeln, Hängen, Schleichen,
Im Krebsgang durch das Leben waten.
Ich habe mir zu viel genommen.
Schäm' Dich – Egoist!
Selbst Schuld, daß Du so fies nun bist.
Wärst Du dünn noch und bescheiden,
Könnten Dich auch alle leiden.
Doch fette, gierige Monstertiere
Sollen bitt'schön draußen bleiben!

Jenny, 18

Wie oft wurde ich gefragt, wen ich lieber hätte; doch ich fand nie eine Antwort. Als die Scheidung dann wirklich kam, war ich gar nicht überrascht. Da ich niemandem wehtun wollte, sollte das Gericht entscheiden. Doch als ich mitbekam, was das alles an Kosten, Gemeinheiten und Intrigen beider Elternteile nach sich zog, ersparte ich uns das und blieb zu Hause bei meinem Vater. Erstens war mir meine Mutter samt 20 Jahre jüngerem Freund total fremd geworden. Zweitens konnte ich meinen Vater nicht allein lassen: Ich glaube, er wäre vor Selbstzweifeln und Einsamkeit kaputtgegangen. Na, er ist es nicht, das erste Jahr lief alles gut, ich verkuppelte ihn mit Marianne, seiner jetzigen Lebensgefährtin. Mir ging's auch gut, ich hatte viele Freunde. Von meiner Mutter allerdings, die ich so verletzt hatte, bekam ich nur sehr wenig mit.

Irgendwann jedoch änderte sich alles. Ich verhielt mich wie eine Hausfrau und Mutter, kochte, putzte, machte die Arzttermine fest, versorgte die alten Großeltern, die kranke Tante und den Hund, um möglichst viel Ärger vom Vater fernzuhalten. Er war so hilflos und klein. Darüber habe ich mich wohl vergessen, so wie meine Eltern vergessen hatten, daß ich erst 13 war und sie mich versorgen sollten. Ich aß immer weniger, trieb Sport bis zum Umfallen. Keine ruhige Minute gönnte ich mir. Der Tag war ausgefüllt mit Schule, Pflichten, Sport, Versorgen. In allen Dingen wollte ich perfekt sein, Leistung bringen, durchtrainiert sein, bloß keinen Ärger machen. Meine beste Freundin entwickelte sich genau gegenteilig, drehte richtig auf mit Jungs, Schminke, Drogen, jugendlich wie's im Buche steht, während ich zur kleinen, grauen Hausmaus wurde. Einiges passierte in dieser Zeit, ein Bekannter (19) beging

Selbstmord, eine liebe Freundin konnte ich knapp davor bewahren, so gab es Gründe, weshalb es mir immer schlechter ging. Das einzige Hochgefühl verschaffte ich mir durch das Purzeln der Pfunde, die Leere im Bauch, immer höhere Leistungen beim Sport und Lob für mein Engagement. Nach den ersten zehn Kilos meldeten sich auch meine Eltern, ob ich mich nicht allmählich dünn genug fände. Ich versprach, mehr zu essen, doch die Sucht war schon voll im Gange. So zog sich das ein dreiviertel Jahr hin, ein paar Ärzte wurden hinzugeschaltet, alle Aufmerksamkeit ruhte mit einmal auf mir. Endlich war die gesamte Familie samt dem Bruder in Hamburg nochmal zusammen!

Nach ca. einem Jahr hatte ich 27 kg abgenommen und wurde mit 36 kg in der Gemeinschaftsklinik Herdecke aufgenommen. Bei den Anthroposophen lernte ich sehr viel über mich, wer ich überhaupt bin, was ich will, was die Magersucht für mich und für unsere Familienverhältnisse bewirkt. Schließlich wußte ich, daß ich lieber doch nicht verhungern will, weil es noch so viel zu entdecken gibt. Ich bekam sieben Monate Sondenkost, mit der ich um zehn Kilos aufgepäppelt wurde. Danach lernte ich nochmal ganz von vorn zu essen, was mir sehr schwer fiel. Doch das Essen stand nie im Vordergrund, sondern immer das, was dahintersteckt. Ich konnte in der Kunst-, Musik-, Werktherapie, in Einzel-, Gruppen- und Familiengesprächen, beim Nähen, Gartenbau, Perlenweben, Kosmetikherstellen, Kupfertreiben, Plastizieren, Malen daran arbeiten. Nach einem Jahr fühlte ich mich so weit, nun den Rest »draußen« zu meistern. Es hatte sich viel getan in diesem Jahr, mein Vater zog zu Marianne, ich entschied mich, zu Mutter und ihrem Freund Robert zu ziehen. Das Verhältnis zwischen ihr und mir war ein ganz neues, inniges geworden. Ich genoß die Zeit nach der Klinik, die Freiheit, die Wärme und Liebe, das Zuhause, den Alltag. Gesund war ich freilich noch nicht, ich stand unter vielen Zwängen, das Essen bereitete mir nach wie vor Probleme, aber ich hielt mein Gewicht. Irgendwann hatte ich das Gefühl, es sei genug der Geborgenheit, des Nochmal-Baby-Seins, ich wollte erwachsen werden! Zu dieser Zeit erfuhr ich durch meinen Bruder von der Internat-Schule Schloß Salem am Bodensee. Es hörte sich alles so golden, so märchenhaft an, das war genau das, was ich suchte: eine Gemeinschaft, eine Super-Ausbildung, jede Menge interessanter Aktivitäten, die ich »aufsaugen« wollte, das pure Leben! Außerdem schien es mir eine gute Form der Ablösung zu sein. Das Problem war die Bezahlung des Internats. Kurzerhand bewarb ich mich um ein Stipendium, wurde zur Auswahltagung eingeladen und bekam auch das Stipendium. Nun kam der nächste Schritt, meine Eltern von dem Vorhaben zu überzeugen. Meine Eltern waren alles andere als begeistert. Sie wollten mir letztendlich jedoch keine Steine in den Weg legen. In dieser Zeit war ich nur noch fröhlich. Auf einer rosa Wolke schwebte ich dem Schulbeginn entgegen. Die größte Schwierigkeit bestand darin, meine Esserei selbständig auf die Reihe zu bekommen. Ich bemühte mich sehr, und es klappte auch im Verlauf des Sommers. Ich erreichte zwar nicht das von der Ärztin empfohlene Gewicht, um unbesorgt ins Internat gehen zu können, aber egal, wo es so schön ist, mußte einfach alles klappen!

Mit 42,5 kg fuhr ich nach Salem. Und es war dort sogar noch fantastischer als ich es mir vorgestellt hatte. Ich fand dort alles, was ich suchte, sogar Freunde, doch ich hatte mich wohl schlichtweg überfordert. Wenn ich jetzt daran zurückdenke, sehe ich, wie krank ich noch war, wie stark noch in der Sucht gefangen. Ich war einfach noch nicht so weit, allein die Sucht zu meistern. Trotz allen Zaubers purzelte ich innerhalb von sechs Wochen auf 38,5 kg, das bedeutete ein zu hohes Risiko. Am nächsten Tag holte mich mein Vater ab. Ich dachte, es geht nicht mehr weiter, meine Zukunft dahin, aufgeweckt aus einem Traum. Am liebsten hätte ich mich in die Erde eingebuddelt und wäre nicht mehr zum Vorschein gekommen. Das schlimmste war aber, wie enttäuscht meine Familie von mir war, alle hatten so große Hoffnungen gehabt. Mein Bruder konnte das nicht ertragen, er brach den Kontakt zu mir ab, was mir wahnsinnig weh tat, da ich ihn fast mehr brauche als meine Eltern. Mittlerweile verstehen wir uns wieder, nur über »diese Sache« können wir nicht sprechen. Dank der Organisation meiner Mutter mußte ich keine sinnlose Zeit zu Hause warten. Ich bekam zwei Tage später hier in der Kinder- und Jugendpsychiatrie der Rheinischen Landesklinik einen Therapieplatz. Die erste Zeit war furchtbar. Ich fühlte mich, als ob ich vom Himmel in die Hölle gerutscht sei. Nichts war mir hier recht, ich zog immer wieder Vergleiche mit Herdecke. Außerdem war ich gar nicht ganz da, sondern ständig halb in Salem. Vielleicht war das der richtige Tiefpunkt, auf jeden Fall habe ich mir da geschworen, daß ich mich nicht länger von einer Sucht bestimmen lassen will. Ich habe keinen Bock mehr auf Zwänge, Sorgen, Essensplagen, Kontrolle! Ich will leben, und zwar in vollen Zügen! Ich will erwachsen werden und selbständig, mich wohlfühlen mit mir, schönere Dinge in den Mittelpunkt meines Lebens stellen als Kalorien. In dieser Therapie will ich endgültig gesund werden, denn ein drittes Mal Psychiatrie mag ich nicht mitmachen. Meine absolute Motivation ist die Rückkehr nach Salem, wo mein Platz freigehalten wird.

Josefine, 18

Traum und Realität

Ich verstand die Welt nicht mehr,
und niemand verstand mich.

Psychose selbst erlebt

Psychose, was ist das überhaupt? Ich weiß es bis heute noch nicht. Es hat wohl irgend etwas mit Realitätsverschiebung zu tun. Meine Ängste konnte ich nicht genau definieren. Sie haben mich so bedroht, daß ich aus der Realität flüchten mußte. Ich lebte teilweise in Filmen oder Büchern. So fand ich mich plötzlich in dem Film »Friedhof der Kuscheltiere« wieder. Ich dachte, ich müßte das Gute vor dem Bösen beschützen. Manchmal befürchtete ich auch, alle würden mich hassen. Außerdem hatte ich schreckliche Verfolgungsängste.

Inzwischen nähere ich mich immer mehr der Realität, doch es ist nicht leicht, den Schutz der Scheinwelt aufzugeben und sich der Realität zu stellen. Aber wird es ohne Medikamente funktionieren?

Tatjana, 17

Die Mädchen kreischten, weil ich so sang wie Elvis

Schon immer war ich ein begeisterter Elvisfan. Ich konnte singen und tanzen wie Elvis, zog mich ein bißchen an wie er, und ich träumte davon, eines Tages so berühmt zu sein wie mein großes Vorbild. Doch daß diese Begeisterung zu einem Wahn wurde, daß ich jeglichen Bezug zur Realität verlor, das wollte ich ganz bestimmt nicht.

Als ich in ein Internat kam, um nach der 9. Klasse eine Arbeitserprobung zu machen, litt ich sehr unter der Trennung von zu Hause. Außerdem hatte ich in dem Internat nirgends ein Plätzchen für mich allein. Ich kam überhaupt nicht richtig zur Ruhe. Da ich relativ schnell in eine Außenseiterrolle gerate, muß ich auch immer eine Menge tun, um auf mich aufmerksam zu machen. Da kamen mir die Abende in der Jugenddisco »Casablanca« sehr gelegen. Da ich gern und gut tanze, ging ich oft in die Diskothek. Hier bekam ich die von mir sehnlichst gewünschte Anerkennung.

Doch einmal passierte etwas ganz Furchtbares. Ich tanzte wieder einmal wie wild, machte die Bewegungen wie Elvis, bildete mir wohl ein, Elvis zu sein und geriet völlig in Ekstase. Die Mädchen rissen mir fast die Kleider vom Leib und schrien: Elvis, Elvis!!! Ich drehte völlig durch, so einen High-Zustand hatte ich noch nie erlebt. Ich wollte, daß er niemals endete. Doch als ich wieder zu mir kam, sah ich meine Betreuer auf mich zukommen, um mich abzuholen. Es muß sie jemand gerufen haben. Natürlich wollte ich nicht gehen. Aber als sie drohten, meinen Vater anzurufen, kam ich sofort zu mir. Das wollte ich natürlich nicht. So ging ich mit ihnen zurück ins Internat. Als ich dort ankam, wurde ich immer wütender, verwüstete das ganze Zimmer, riß die Vorhänge ab und zerstörte sogar mein Monopoly-Spiel. Danach kam es beinahe zu einer Schlägerei. Ich flüchtete zu einem guten Freund und blieb die ganze Nacht bei ihm. Frühmorgens rief ich meine Freundin Julia an. Ihre Mutter war am Telefon. Sie war sauer, weil ich sie aus dem Bett geholt hatte. Sie verstand nicht, was ich ihr sagen wollte und drohte sogar mit der Polizei.

Ich verstand die Welt nicht mehr, und niemand verstand mich. Ganz allmählich wurde mir bewußt, daß mit mir etwas nicht stimmte. Man steckte mich in die Psychiatrie, und ich erfuhr, daß man meinen Zustand in Fachkreisen Psychose nennt.

Tobias, 17

Ich glaubte, er sang nur für mich

Als ich Herbert Grönemeyer das erstemal sah und seine Stimme hörte, war ich fasziniert. Sofort kaufte ich alle Platten von ihm, und schon bald kannte ich all seine Lieder auswendig, von denen ich glaubte, sie seien nur für mich geschrieben. Besonders gern hörte ich sein Lied »Für dich«. Ich ging stundenlang im Park spazieren und baute mir eine Traumwelt auf, die ich nur mit einem teilte, nämlich mit meinem Idol Herbert Grönemeyer.

Dann las ich in der Zeitung, daß er eine Freundin habe und erfuhr dort auch ihren Namen. Ich stellte mir vor, bei ihr anzurufen und sie zu bedrohen, falls sie nicht bereit sei, ihn zu verlassen. Mein Haß auf sie wurde immer größer. Er sollte mir allein gehören.

Wenn ich seine Lieder hörte, gab es außer ihm und mir niemanden mehr auf dieser Welt. Als er einmal im Fernsehen auftrat und ich die Sendung sehen konnte, bekam ich einen Weinkrampf. Zu seinem Geburstag schrieb ich ihm eine Karte, und er schickte mir ein Autogramm zurück, das ich fortan wie einen Augapfel hütete. Ich war selig. Daß er noch andere Fans hatte, daran dachte ich nicht. Ich wußte, daß er mich auch liebte.

Zu meinem Geburstag bekam ich einen Strauß Rosen geschickt, dem eine Karte mit seinen Initialen beilag. Ich dachte natürlich, daß sie von ihm seien. In Wirklichkeit steckten meine Eltern dahinter, die mir eine Freunde machen wollten. Aber ich war so der Welt entrückt, daß ich nichts mehr wahrnahm.

Weil ich mich immer mehr zurückzog und mit niemanden mehr redete, gingen meine Eltern mit mir zu einer Ärztin. Die stellte mir eine Menge Fragen, legte mir Klecksbilder vor und ließ mich Fragebögen ausfüllen. Das Ergebnis der Tests war: Ich kam in die Kinder- und Jugendpsychiatrie.

Leni, 16

Seife, Seife über alles

Es fing an zwischen den Oster- und Sommerferien 1991. Zwar habe ich mir auch vorher schon sehr oft die Hände gewaschen, aber in diesem Zeitraum wurde es richtig extrem. Ich hatte die Vorstellung, daß eine klebrige Flüssigkeit existiert. Ich weiß nicht, was das für eine Flüssigkeit ist, aber ich habe Angst davor.

Wenn ich mit dieser klebrigen Flüssigkeit in Berührung komme, dann muß ich mir sofort die Hände waschen, und zwar zweimal, sonst kriege ich das Zeug nicht ab. Wenn erst Sachen mit der Flüssigkeit behaftet sind, und das passiert immer, wenn es keine andere Möglichkeit gibt, als sie anzufassen, um irgendwie weiterzukommen, nenne ich das »kontaminiert«. Das ist ein militärischer Ausdruck für »verstrahlt, verseucht, vergiftet«. Diese Gegenstände kann ich dann nicht anfassen. Auch wenn es wichtig für mich ist, kann ich das nicht. So komme ich in ernsthafte, unnötige Schwierigkeiten. Zum Beispiel kann ich nicht die Wohnung verlassen, wenn der Schlüssel »kontaminiert« ist, oder ich kann mich nicht hinsetzen, wenn alle Stühle mit dieser klebrigen Flüssigkeit behaftet sind.

Wenn ich selbst »kontaminiert« bin, kann ich nur die Sachen anfassen, die auch »kontaminiert« sind, sonst verseuche ich ja die anderen auch. Das engt natürlich meinen Bewegungskreis ein. Manchmal werde ich dann so verzweifelt, daß ich durchdrehe und anfange, Sachen zu zerstören: ein Loch in eine Tür zu treten oder die Duschwand mit der Faust durchzuschlagen. Dabei gehen natürlich auch Sachen kaputt, die ich sehr gern habe. Ins Geld geht die Sache auch, weil ich so viel Seife kaufen muß.

Ich habe nicht die geringste Lust, dieses Problem ewig mit mir rumzuschleppen, weil mir der Waschzwang auf die Nerven geht. Ich bin deshalb in die psychiatrische Klinik gegangen, um ihn loszuwerden. Ich bekomme Hilfe von Therapeuten, die mit mir darüber sprechen, was sehr hilft. Seit ich in der Kinder- und Jugendpsychiatrie bin, geht es mir besser.

Moritz, 16

Die ich rief, die Geister

Wie ich in diese Situation hineingerutscht bin, kann ich bis heute noch nicht verstehen. Jedenfalls fühlte ich mich ziemlich alleingelassen, meine Eltern kümmerten sich nicht besonders um mich, weil sie mit sich zu tun hatten, und ich war auf der Suche nach ein bißchen Geborgenheit. Deshalb schloß ich mich ohne Bedenken einer Gruppe an, bei der ich hoffte, das zu finden, was ich schon immer suchte: Halt, Anerkennung und Geborgenheit.

Etwas eigenartig, aber spannend fand ich, was da alles lief. Es fing mit dem berühmten »Gläserrücken« an. Das war anfangs ganz lustig, wurde aber mit der Zeit zu langweilig. Da kam einer auf die Idee, »Satansbeschwörung« zu zelebrieren. Keiner hatte wirklich Ahnung, wie das so ablaufen könnte. Wir hatten auch Angst davor. Durch die entsprechende Literatur bereiteten wir uns auf den großen Tag vor.

Es war am späten Abend. Wir legten eine Glastischplatte auf den Boden und stellten eine Kerze in die Mitte, die wir anzündeten. Dann machten wir das Licht aus und setzten uns um die Glasplatte. Plötzlich passierte es: Wir riefen IHN, und ER kam. Jedenfalls erschien er mir. Ich war wie in Trance. Ich hörte, wie er meinen Namen nannte. So war also ich die Auserkorene, die er zu sich rief. Ich geriet völlig in Panik, aber mir war klar, man mußte ihm gehorchen. Doch ich wollte nicht zu ihm. Das schrie ich ihm ins Gesicht. Die anderen, die auch in Panik gerieten, machten das Licht wieder an. Sie legten mich aufs Bett, weil mir heiß und kalt wurde. Wie sie mir später erzählten, hielten sie mir ein Feuerzeug an den Arm, aber ich merkte nichts, ich starrte nur an die Wand. Meine Freunde waren schon drauf und dran, einen Arzt zu rufen, doch plötzlich kam ich wieder zu mir, und ich fing an zu weinen. Als ich endlich zu Hause war, schlief ich die ganze Nacht nicht. Ich hatte unheimliche Angst, ER könne doch noch kommen, um mich zu holen.

Am nächsten Tag schrieb ich in der Schule einen Brief an meine Freundin. Ich schilderte ihr meine Angst vor IHM. In dem Brief schrieb ich, daß ich es wohl akzeptieren müsse, daß er eines Tages käme. Meine Lehrerin fing den Brief ab und gab ihn meinen Eltern. Als meine Eltern ihn lasen, waren sie erst mal schockiert. Sie wußten keinen anderen Ausweg, als zu einem Arzt zu gehen.

Als ich am nächsten Tag von der Schule kam, stand meine Tasche schon gepackt auf dem Boden. Jetzt war ich schockiert. Meine Mutter sagte mir, ich müßte ins Krankenhaus. Als ich dann in der Einfahrt »Psychiatrie« las, war ich erst mal fertig. Hier war ich nun, aber was sollte ich hier? Ich wußte gar nichts über so eine Psychiatrie.

Von da an hat sich mein ganzes Leben verändert. Man hat mit mir über meine Probleme gesprochen und mir auch beigebracht, mit ihnen fertig zu werden, was ich ja vorher nicht konnte. Selbst die Therapie, über die ich vorher so gemotzt habe, hat mir sehr geholfen. Die Ärzte und Erzieher waren etwas nervig, aber trotzdem mochte ich sie. Mein Leben wurde durch das halbe Jahr in der Klinik wieder geordnet. Aber für wie lange?

Monika, 16

Das traurig-schöne Psychoseleben

Es klingt sicher etwas verrückt, aber eine Psychose kann tatsächlich etwas Schönes sein. Man fühlt sich so gelöst und frei wie nach einem Trip oder einem Vollrausch (beides kenne ich nur der Beschreibung nach), allerdings mit dem Unterschied, daß man keinen Blackout hat. Man kann sich an alles sehr genau erinnern. Manchmal können diese Erinnerungen natürlich auch peinlich sein. Aber ich fand es einfach aufregend. Ich habe Dinge getan, von denen ich schon immer geträumt habe, ich fand es einfach herrlich.

Es fing alles vier Wochen vor den Sommerferien an. Ich wollte unbedingt eine Firma gründen. So stellte ich mir vor, daß mich alle kannten und ich so berühmt wäre wie zum Beispiel Steffi Graf.

An einem schönen, sonnig-warmen Sommertag fuhr ich mit der Straßenbahn zur Sparkasse, die sich beim Düsseldorfer Hauptbahnhof befand. Nach der Aufforderung eines Angestellten setzte ich mich und sprach mit ihm. Ich wollte unter anderem, daß die Olympischen Spiele im Jahre 2000 in Düsseldorf stattfinden. Das Projekt wollte ich mit Hilfe der Gewinne meiner Firma finanzieren. Da der Angestellte nicht darauf einging, sagte ich, daß ich jetzt zur Hauptstelle ginge, um dort zu verhandeln.

Ich stieg wieder in die Bahn und fuhr zum Aquazoo. Ich erinnerte mich, daß es im Aquazoo Schließfächer gab und ich meine Schultasche dort abstellte, weil sie sehr schwer war. Ich ging über eine Brücke bis zum Rhein. Dort sah ich ein Kleinkind, das am Wasser spielte. Ich hatte Angst, daß das Kind ertrinken würde und rannte sofort die Treppe hinunter zu dem Kind. Als ich unten war, lief das Kind weg. Ich ging weiter an den Rheinwiesen entlang. Dabei stellte ich fest, wie schön es hier ist. In einem Supermarkt kaufte ich mir sechs kleine Flaschen Mineralwasser. An der Kasse öffnete ich die Packung und nahm nur eine Flasche mit. Der Verkäufer fragte mich, ob ich nicht mein Wechselgeld wiederhaben wolle. Ich sagte, er solle das Geld auf mein Firmenkonto bei der Sparkasse einzahlen und ging wieder zum Rhein. Auf der Rheinwiese war ein japanischer Junge, der einen Lenkdrachen hatte und damit Figuren flog. Mir kam es vor, als wären es Buchstaben. Um sie lesen zu können, beschloß ich, auf den Fernsehturm zu gehen. Auf der Oberkasseler Brücke fand ich ein Stück Draht und eine leere Zementtüte. Ich nahm beide Sachen mit. Vor dem Landtag war eine riesige Verkehrsstraße mit einer großen Baustelle. Die Bauarbeiter bauten eine Art unterirdischen Gang zum Landtag und zum WDR. Es war wohl Mittagspause. Ich ging durch ein Loch im Zaun zu einem Rohbau. Ich ging einige Stufen hinunter. Dort arbeiteten mehrere Arbeiter. Ich fragte höflich: »Wo geht es hier bitte zum Fernsehturm?« Sie sagten: »Den Gang hinunter.« Aber es war alles wie ein Labyrinth, und es ging nicht mehr weiter. Da sah ich, wie Arbeiter einen doppelten Boden anlegten. Er bestand aus einem Eisengerüst, das mit einzelnen Spanplatten abgedeckt wurde. An einigen Stellen fehlten Platten. So bin ich unter das Eisengerüst geklettert und unter den Platten ungefähr 50 m nach vorne gekrochen. Am Ende angekommen, kletterte ich wieder nach oben. Doch dort gab es, oh Schreck, keine Treppe, nur ein Fenster. Zum Glück lagen einige Bretter auf dem Boden und lange Nägel, wovon ich auch einige mitnahm. Ich nahm ein Brett und legte es so, daß ich aus dem Fenster klettern konnte. Erst als ich aus dem Fenster herauskam, fragte mich ein Arbeiter, was ich hier mache (warum mich nicht jemand vorher rausgeschmissen hat, verstehe ich bis heute nicht). Wie ich feststellen mußte, befand ich mich plötzlich vor dem Landtag. Ich ging hinein und gab dem Pförtner zwei Nägel. Dann ging ich zu einer Glastür, die nicht aufging. Es standen mehrere Politiker davor.

Ein Mann sagte mir, ich solle die restlichen Nägel durch einen Spalt in der Tür reichen. Der Mann steckte sie in den Sicherungskasten, und siehe da, die Tür öffnete sich. Ich irrte einige Zeit durch den Landtag. Weil ich durch das Krabbeln unter den Spanplatten eine ziemlich dreckige Hose hatte, schauten mich die Leute sehr mißtrauisch an. Aber das war mir egal. Schließlich bin ich beim Fernsehturm angelangt. Dort ging ich, da ich großen Durst hatte, ins Restaurant und bestellte mir eine Fanta. Auf der Speisekarte stand ein Eis mit der Bezeichnung »Kinderüberraschung«. Ich dachte, ich bekomme Geschenke für mein Büro, für meine Firma. Als ich meine Bestellung aufgab, bekam ich »nur« ein Kindereis. Nachdem ich es verspeist hatte, wollte ich gehen. Doch ich vergaß zu bezahlen. Erst als der Geschäftsführer mich darauf aufmerksam machte, merkte ich, daß ich nicht genügend Geld bei mir hatte. So rief der Geschäftsführer meinen Vater an. Danach brachte mich ein Kellner zu einem Taxi, das mich zu meinem Vater fuhr. Mein Vater bezahlte das Taxi und das Eis. Weil mein Vater noch eine Stunde im Büro arbeiten mußte, ging ich zur Sparkasse, um mir die Tresore anzusehen. Ich irrte eine Stunde durch die Sparkasse (ich wußte gar nicht, wie groß unsere Sparkasse ist!).

Als mein Vater mich dort fand, erkannte er, daß dringend etwas mit mir passieren mußte. Ein paar Tage später kam ich in die Kinder- und Jugendpsychiatrie.

Thomas, 13

B. am Fenster

An einem regnerischen Tag im Dezember ging ich in die Altstadt, weil ich B. suchte. Mein aufgeregter Zustand wurde durch einen Zettel mit dem Inhalt, daß B. mich »verarschen« wolle, verstärkt. Diesen Zettel hatte ich vormittags in der Schule von zwei Klassenkameradinnen erhalten. Der Inhalt dieses Zettels stellte sich nachträglich als falsch heraus.

Ich wollte unbedingt mit B. sprechen, da mir am Vormittag einige Jungen aus der Stufe 12 eingeredet hatten, B. wolle mich heiraten. Ich hatte nicht erkannt, daß dies ein schlechter Scherz war. Dann glaubte ich, B. in einer vorbeifahrenden Straßenbahn zu sehen. Seine Armbewegungen deutete ich als Zeichen, geradeaus weiter zu gehen, was ich wie unter Zwang auch tat. Ich bin dann zur Baustelle an der Rheinuferstraße gelaufen. In einem entferntem Bürohaus, das noch nicht fertiggestellt war, sah ich auf einem Balkon B. stehen und die Arme ausbreiten. Er sah den Zettel in meiner Hand und warf Papier aus dem Fenster. Dabei spielte er das Lied »I wish you a Merry Christmas«. Dann hat B. auf mein Zeichen einzelne Töne gespielt. Und jedesmal, wenn ich den Kopf schüttelte, erklang ein anderer Ton.

Am Max-Modeladen sah ich einen Mann, der wie ein Standesbeamter aussah. Zugleich sah ich Autos vom Lazarus-Hilfsdienst, Polizeiwagen, Zivilautos, Müllabfuhr und Krankenwagen. Ich glaubte, diese Fahrzeuge und auch der »Standesbeamte« seien nur meinetwegen da. Anschließend sah ich eine »Hochzeitsgesellschaft« am Hotel Garni, die ich ebenfalls auf mich bezog. Ich glaubte, ich sollte gegen meinen Willen mit B. verheiratet werden und geriet in Panik. Verzweifelt lief ich heulend davon in Richtung Cecilienallee. Am Burgplatz traf ich einen Jungen namens Achmed. Dieser bestätigte mir meine Gedanken von einem Konkurrenzkampf zwischen B. und J. um mich. Was er sagte, war aber wohl nur das, was ich ihm vorher selbst erzählt hatte.

Inzwischen weiß ich, daß B. an diesem Nachmittag zu Hause war und meine Gefühle für ihn nicht erwiderte und in Ruhe gelassen werden wollte. Das weiß ich von meinem Bruder, der B. angerufen und gefragt hat, ob er an diesem Tag in der Altstadt gewesen ist. Am nächsten Tag kam ich auf die Station 12A der Kinder- und Jugendpsychiatrie.

Am 6. Februar war ich auf eigenem Wunsch mit meinen Eltern in der Altstadt, um mich zu vergewissern, was an diesem Nachmittag im Dezember dort wirklich passiert ist und was nur in meiner Einbildung geschah. Wir stellten fest, daß das Bürogebäude mit dem Balkon so weit hinter dem Hafenbecken liegt, daß man eine Person von der Stelle, an der ich damals war, gar nicht erkennen kann.

In der Nähe des Platzes ist an einem Haus ein Glockenspiel, das stündlich spielt. Dieses Glockenspiel habe ich auch damals gehört und auf mich bezogen. Diese Feststellung ist eine Beruhigung für mich, denn sie zeigt mir, daß an diesem Tag nicht alles nur in meinen Gedanken passiert ist.

Maria, 16

Die Geschichte von der Meerjungfrau und dem Taschenkrebs

Es war einmal eine Meerjungfrau, die lebte in den Tag hinein. Sie schwamm im Meer herum und spielte mit den Fischen, Delphinen und Krebsen. Eines Tages kam ihr zu Ohren, daß sie einen Vater hätte. Bislang hatte sie keine Ahnung von seiner Existenz gehabt, und sie stellte sich vor, wie er wäre, ob er wohl stark ist, mächtig und unbesiegbar, wie der König der Meere, fragte sie sich. Doch sie würde es wohl nie erfahren, denn sie wußte nicht, wo er sich aufhielt. Des Nachts jedoch hatte sie einen Traum, in dem ihr Vater erschien und verriet, wo er zu finden war. Sogleich wollte sie sich auf den Weg zu ihm machen, aber dann kamen ihr Zweifel. Um zu ihm zu gelangen, mußte sie alle Meere der Welt durchschwimmen. Ob dazu ihre Kräfte ausreichen würden? Die anderen Meeresbewohner redeten ihr gut zu: »Du schaffst es. Versuch es wenigstens, sonst wirst du ihn nie kennenlernen.« Die Meerjungfrau sagte: »Alleine schaffe ich es nicht. Begleitet mich jemand von euch?« Doch plötzlich wurde es ganz still. Niemand von denen, die ihr vorhin noch Mut zusprachen, traute sich selbst. Da hörte sie eine zaghafte Stimme sagen: »Ich begleite dich.« Es war ein kleiner Taschenkrebs. Einen Moment lang herrschte verblüfftes Schweigen, dann brachen alle in schallendes Gelächter aus. Ausgerechnet der kleine Taschenkrebs! Er war als ängstlich und kränklich bekannt. Der würde diesen langen Weg nie schaffen, spotteten sie. Doch die Meerjungfrau dachte anders. Wenn er den Mut hatte, dann wollte sie es auch versuchen. Gleich am nächsten Morgen machten sie sich auf den Weg. Anfangs schwamm jeder für sich, aber je weiter sie kamen, desto unruhiger wurde das Meer, und sie klammerten sich aneinander. »Wir werden nie ankommen«, sagte die Meerjungfrau resigniert und wollte umkehren, aber der Krebs sagte: »Schau! Wir haben schon einen großen Teil des Weges zurückgelegt.« Aber auch er hatte schon am Anfang wieder nach Hause gewollt, und da hatte sie ihn ermuntert, nicht aufzugeben. So bestärkten sie sich gegenseitig und gaben sich neue Kraft. Schließlich, nach sehr langer Zeit, sie konnten nicht sagen, wie lange sie unterwegs gewesen waren, kamen sie an ihr Ziel. Aber ihr Vater war nicht dort. Sie erkundigten sich überall, aber niemand kannte ihn. Alles war nur ein Traum gewesen. Er hatte niemals existiert. Hatten sie also den schweren Weg umsonst zurückgelegt? Nein, denn sonst hätten die beiden nie erfahren, welche Kraft ihn ihnen steckt.

Barbara, 25

Lisa – Alles an einem Tag

Schwankende Zweige
und Gras.
Grauer Himmel.
Vielleicht ein Flug Vögel.

Morgens ist der Platz eingestürzt. Einfach ein Loch war plötzlich da mit einer Stichflamme. Die Treppe, die über dem Loch stand, ist auch eingestürzt. Unter dem Platz war ein Tunnel, in dem es gebrannt hat. Da ist es dem Platz zu heiß geworden. Er hat sich geöffnet.

Morgens hat einer gelacht. Der lacht sonst nicht. Keiner versteht, warum die Frauen bei ihm bleiben. Er hat gelacht, als er an seinen Freund dachte. Wie der von einem Pferd fiel. Und daß er ihn gefragt hat, ob er immer so absteigt.

Zwei Tage später brachte er seinen Freund mit dem Auto zum Zug. Es hat vier Minuten gedauert, bis der Freund eingestiegen war. Im Schlafwagenabteil hat er wegen der Schmerzen die ganze Zeit gestanden und bei den Vorträgen am nächsten Tag auch. Vom Vorsitzenden ist er sogar wegen Unhöflichkeit getadelt worden.

Wenn er daran denkt, muß er immer noch über seinen Freund lachen. Ra tata da-dam. Zu träumen.

Ist so schön bei verliebter Musik, geht das Geräusch, Mann oder Frau stauchen die Auf- und Abschwünge elektromagnetischer Wellen je nach ra oder tata: In deinen Armen zu träumen, ist so schön bei verliebter Musik.

Der Wecker rasselt, wie jeden Morgen. Ich räkele mich, luge vorsichtig über meinem Deckenrand hervor. Brr, mir ist kalt.

Bevor ihr meinen Tagesablauf weiter verfolgt, solltet ihr wissen: Ich bin Lisa. Ja, diese Lisa. Die Verrückte, die man nicht so leicht versteht. Aber damit hab ich mich schon abgefunden, was nicht heißt, daß es mir egal ist.

Heute ist es passiert, und, ehrlich, ich bin froh darüber. Wir alle werden es jetzt viel leichter haben. Meine Mutter erspart sich die Nerven, mein Vater spart sich Stimmkraft, und ich kann endlich leben, wie es mir paßt.

Jetzt muß ich nur warten, bis die Schlechtwetterfront abzieht. Es hat furchtbar geblitzt und gedonnert in letzter Zeit. Gegenwärtig haben wir feuchtes Wetter mit Niederschlag in Form von Tränen. Ich versteh meine Mutter nicht. Warum heult sie? Ich habe ihr klargemacht, daß es meine eigene Zukunft ist, die ich verpatze, und nicht ihre. Ihr macht kein Mensch einen Vorwurf, und sie behält, was sie hat – warum regt sie sich also auf? Na, bei ihr bin ich wenigstens sicher, daß es echt ist. Sie ist ein Gefühlsmensch und kann nicht anders, aber das heißt noch lange nicht, daß ich Gefühlsmenschen mag. Mein Vater führt sich lächerlich auf. Was er von Pflicht und Verantwortung rezitiert, ist ein Schmus. Wenn er schon glaubt, daß er es mir so heimzahlen muß, daß sie mich aus der Schule gefeuert haben, soll er mir eine schmieren und mich dann in Ruhe lassen. Es interessiert mich überhaupt nicht, wie er mich einschätzt. Die ganze Zeit hätte ich büffeln und streben sollen. Und dazu dieses dauernde Moralgeschwafel. Zu jeder Sprechstunde ist meine Mutter hingerannt, und jedesmal hat es nachher Theater gegeben. Und vor den Klassenarbeiten war sie richtig hysterisch. Da hat sie mich überhaupt nicht aus den Augen gelassen.

Klar, daß ich sie hereingelegt habe. Mit der Zeit habe ich mir daraus sogar einen Sport gemacht. Ich hab am Schreibtisch gesessen und hab in das Buch geglotzt, und dabei hab ich irgendwas auf einen Zettel geschmiert. Sie versteht ja sowieso nichts von Mengenlehre. Meine Wurstigkeit macht sie rasend, sagt sie. Sie soll sich nur ärgern, ich gifte mich auch über sie.

Schließlich bin ich kein Kind mehr, daß sie so mit mir umspringen kann. Ich bin schon fast siebzehn und kriege noch Hausarrest.

Meine Mutter ist furchtbar naiv. Sie hat nicht einkalkuliert, daß ich ein ebenerdiges Zimmer habe. Wenn es finster wird, bin ich weg, und ein paar Gassen weiter wartet Joker mit seinem Porsche auf mich. Ja, der versteht mich!

Wir wohnen in Lohausen, einem Außenbezirk von Düsseldorf. Wir haben ein Haus, einen Garten und zwei Garagen. Mein Vater ist Einkaufsdirektor. Er ist wer – na, wenn schon! Das Durchbrennen, wenn ich Hausarrest habe, ist kein Problem, weil meine Herrschaften dann vor dem Fernseher sitzen. Oft gehen sie auch fade Leute besuchen oder sitzen ihr Abonnement im Theater ab. Etwas Stupideres gibt es nicht, sagt Joker; höchstens noch Sommerfrische mit Vollpension.

Daß ich mit Joker gehe, paßt ihnen auch nicht. Dabei kennen sie ihn nur vom Sehen und nur von hinten. Weil er lange Haare hat und barfuß geht, haben sie es abgelehnt, ihn (auch) von vorn zu betrachten. Aber nachspioniert hat uns mein Vater natürlich trotzdem. Er hat Erkundigungen eingezogen. Etwas besonders Wichtiges weiß er schon, nämlich daß Joker aus einer sogenannten guten Familie kommt, und es giftet ihn furchtbar, daß Joker nicht so ist, wie ein Sohn aus guter Familie seiner Meinung nach zu sein hat, und auch nicht die leiseste Absicht hat, so zu werden. Joker durchschaut diesen ganzen Wohlstandsschwindel mit Haus, Garten und Auto und Reisen nach Teneriffa. Er sagt, das seien lauter Statussymbole, die er nicht brauche. Wenn ich meinen Vater ärgern will, sag ich ihm das, und er gibt dann immer die gleichen Phrasen von sich, daß Joker nur deswegen glaubt, daß er alles nicht braucht, weil er es sowieso hat, und daß er es schon zu schätzen wüßte, wenn er es sich selber hätte erarbeiten müssen. »Erarbeiten« ist überhaupt sein Lieblingswort. Mein Vater bildet sich einen Haufen darauf ein, daß er »durch eigene Anstrengung« etwas geworden ist, und das ganz ohne Parteibuch. Er glaubt, jeder muß sein wie er und ununterbrochen streben, so lange, bis er gar nicht mehr damit aufhören kann. Meine Mutter ist ihm ein paarmal in den Ohren gelegen, daß er mir in Mathe Nachhilfestunden zahlen soll. Jedesmal hat er das großspurig abgelehnt. Er sagt, wenn ich sonst fleißig und willig wäre und mich nur in dem einen Fach schwertäte, dann selbstverständlich. Aber für meine Faulheiten gebe er kein Geld aus.

Was er dauernd für ein Tamtam mit seinem Geld macht! Von mir aus soll er es sich hinten hineinschieben, wenn er will. Und er soll mir nicht immer die gleiche Leier von der Kriegszeit und von den Nachkriegsjahren erzählen. Ich bin nicht daran schuld, daß es ihm mies gegangen ist. Ich hab nicht die Bomben geschmissen und alles zerdeppert, was er »unter Opfern« wieder hat aufbauen müssen. Er soll mir nicht immer mit diesen Geschichten kommen, das ist nicht fair. Wenn er seinen Spruch von den Hungerjahren aufsagt und ich seinen Bauch anschaue, muß ich lachen. Kein Mann ist berechtigt, so einen Bauch zu haben. Mein Vater war ganz bestimmt nie so hungrig, wie er jetzt satt ist. Das saturierte Establishment ist das, sagt Joker. Er sagt, es übt auf uns einen Leistungsdruck aus, und wir Jungen dürfen uns nicht manipulieren lassen. Joker hat einen Haufen Bücher gelesen und zwei Semester Soziologie studiert. Jetzt hat er das Studium aufgegeben, damit er sich ganz der Politik widmen kann. Er hält es für notwendig, daß die Gesellschaft umstrukturiert wird. Er ist Maoist, und das wurmt meinen Vater besonders.

Er hält mir vor, daß Joker eine Rotznase ist, ein fauler Hund, und daß man für solche Typen wie ihn wieder Arbeitsdienst einführen müßte. Joker sagte, daß mein Vater ein Neofaschist ist – das wird schon stimmen. Diese ganze Generation ist neofaschistisch. Mein Vater müßte mit Joker einmal diskutieren, da gingen ihm die Augen auf. Joker hat immer originelle Ideen und bringt sie so souverän, daß man perplex wird (ist). Mein Vater müßte überhaupt vorher Vokabeln lernen, sonst wüßte er nicht einmal, um was es gerade geht. Es ist phantastisch, was Joker für Leute kennt, lauter Intellektuelle, progressive Autoren und so, und oft diskutiert er mit denen die ganze Nacht. Ich möchte wirklich, daß sich mein Vater das anhört. Aber der sagt mir dann höchstens, daß es ein gewaltiger Unterschied ist, ob jemand intellektuell oder ob er intelligent ist. Mit solchen Haarspaltereien kommt er mir dann.

Jetzt muß ich mich dauernd anjammern lassen, weil ich keine abgeschlossene Schulbildung habe. Bei jeder Gelegenheit hält mir mein Vater vor, daß es besser gewesen wäre, ich hätte ein Handwerk gelernt oder wäre auf die Handelsschule gegangen. Sechseinhalb Klassen Mittelschule, sagt er, sind gar nichts. Für den Lebenskampf bin ich damit nicht ausgerüstet. Ich weiß nicht, was er fortwährend mit dem Lebenskampf hat. Ich will überhaupt nicht kämpfen – ich bin für den Frieden. Das ist bei mir eine Frage der Weltanschauung, und wenn Demonstrationen sind, weil die Amis Krieg führen, gehe ich mit.

Irgendwo weit weg höre ich die Uhr acht schlagen. Die weiße Göttin dreht sich einmal kopfüber im Kreis.

Meine Eltern fragen mich ununterbrochen, welche Vorstellungen ich von meiner Zukunft habe, was ich jetzt machen will und wofür ich mich interessiere. Wenn ich ehrlich bin, ich weiß es selbst nicht. Am liebsten möchte ich ein paar Jahre nichts tun. Ehrgeiz hab ich keinen, und ich will mir auch keinen züchten, weil mir die strebsamen Typen verdächtig sind, und das Geldverdienen reizt mich überhaupt nicht. Einfach leben, mehr will ich nicht. Das ist auch eine Kunst. Ich bin überzeugt, daß mein Vater das gar nicht mehr kann. Er will immer nur zeigen, daß er es zu was gebracht hat. Und wenn er niemand hätte, der ihm dabei zuschaut, dann wäre für ihn sogar das Essen und Trinken reizlos. Daß er dabei einen Genuß hat, glaube ich ihm nicht. Das sieht doch jeder Blinder, wie er sich beim Lachen anstrengt und wie er oft gähnt und viel lieber fernsehen möchte. Solche Typen kommen mir wie abgeschnittene Christbäume vor. Sie sind rundherum großartig aufgeprotzt, aber wenn man anstreift, fallen die Nadeln ab. Ehrlich, wenn das am Ende herausschaut, tu ich lieber gar nichts. Dann weiß ich tatsächlich nicht, was ich eigentlich will.

Draußen,
In dem hallenden Bahnhof,
wo die Menschen
um uns herumquirlten,
stand er und redete
von Fischen, die man fangen müsse.
In Köln-Nippes.

Mittags hat einer Angst gehabt hinter seiner braunen Blindenbrille. Weil er immer schlechter hören kann. Wenn er das Glasgeräusch beim Schneiden nicht mehr hört, wird er nicht mehr an der Maschine arbeiteten können. Er geht nur noch mit seiner Frau aus dem Haus. Denn vor vierzehn Jahren ist er vom S-Bahnsteig auf die Gleise gestürzt. Weil ein Kollege ihn mitgenommen hatte, war er schneller als sonst gegangen, und als der Kollege weg war, wußte der Blinde nicht, daß er schon weit vorn stand.

Es klopft an die Tür. Entdeckt! Wenn es Gott wäre, bräuchte er doch nicht an die Tür zu klopfen. Dann könnte er zum Fenster hereinbrausen wie Karlson auf dem Dach. Aufgestanden und aufgemacht! Es ist Theo. »Störe ich?« fragt Theo. »Meine Eltern sind heute nicht da«, sage ich. Theo ist mein Lieblingsonkel, wenn es sowas gibt. Der Bruder von meiner Mutter. Ich kann euch sagen, der hat was auf dem Kasten. Das ist ein Mensch, der kapiert. Theo hat heute kein Jackett an, aber dieselbe weiße Hose wie gestern. Dasselbe helle Netzhemd und dasselbe Schnupftuch um den Hals. Scheut er sich, seinen faltigen Hühnerhals zu zeigen? Der ist trotzdem zu sehen. Theo ist so alt, daß er allmählich vertrocknet und verfault. Bald werden wohl auch die Augäpfel zusammenschrumpfen. Nur das Monokel wird bleiben. Aber jetzt trägt er kein Monokel.

Theo lächelt mit einer unglaublich gleichmäßigen Reihe von elfenbeinfarbenen Zähnen. Wie ist das nur möglich?

»Darf man fragen, was das junge Fräulein heute vorhat?« Ich zögere. Soll ich antworten: In der Sonne liegen und auf das Jahr Zweitausend warten. Nein, Theo könnte traurig werden, weil er dann nicht mehr dabei wäre. Zu diesem Zeitpunkt wird er sich in Staub und Knochenmehl verwandelt haben. Bestenfalls. »Wenn ich nicht störe, möchte ich folgendes fragen: Ist dem jungen Fräulein bekannt, daß Fräulein Noras Geburtstag bevorsteht?« Oh nein! Das hätte ich beinahe total verschlampt. Meine Mutter hat am Donnerstag Geburtstag! Aber das Geschenk hab ich schon vor Wochen besorgt. Also keine Panik! »Meinst du, man sollte irgendein Geschenk besorgen?« sagt er. »Willst du nicht zu mir herüberkommen, wenn es dir paßt, um die Sache zu besprechen?« Theo legt rasch seine knochige Greisenhand auf meine Schulter, rüttelt daran und massiert das Schlüsselbein mit dem Daumen. Der Aufsichtslehrer in der Penne pflegte das auch immer zu tun, wenn er mit einem redete. Er brauchte den Daumen nur vom Schlüsselbein runterrutschen zu lassen, und schon tat es verdammt weh. Viele Lehrer benutzen solche Tricks, weil sie die Schüler nicht offen schlagen dürfen.

Theo lächelt und schließt die Tür unheimlich langsam, als schliefe jemand in dem Zimmer. Ich krieche in Noras Bett und ziehe mir das Laken über den Kopf, so daß ein Zelt entsteht. Ich lege das Kinn auf die Brust und schaue an mir herunter. Die Brust gehört nicht zu mir. Der gesamte untere Teil des Körpers ist nichts anderes als ein Schalldämpfer und Vergaser. Nur der Kopf ist die eigentliche Lisa. Und die Hände sind zwei kampflustige Krabben, die den Kopf gegen Tintenfische, Tigerhaie, Königsgeier und anderes Getier verteidigen, das sich im Bett befinden könnte. Ich lasse probeweise einen Furz. Oh, welche herrlichen Düfte! Aha, Nora Green wird also 39.

Ich springe mit einem Indianergeheul auf und stürze mich auf den tigerähnlich gefleckten Kleiderschrank. Der Schlüssel klemmt, ich muß die Türen fest zudrücken, um ihn aufzubekommen. Ich ziehe mich an, putze meine Hauer mit Noras Zahnbürste, stecke die Schachtel mit den Kontaktlinsen für die Mutter in die Gesäßtasche und gehe zu Theo hinüber.

Theo bewohnt sechs nebeneinanderliegende Zimmer an dem langen Flur. Es gibt keine Türen zwischen den einzelnen Räumen, und daher muß man auf gut Glück anklopfen, bis man das Zimmer findet, in dem Theo sich gerade aufhält. Alle Türen tragen das gleiche Namenschild: Theofil Andren, Oberingenieur a. D.

Theo ist gerade im ersten Zimmer, das gleich neben der Eingangstür und dem Aufzug liegt. »Nur hereinspaziert!« Ich drücke die Klinke herunter und gehe hinein: die Füße voran, den Kopf hinterher. »Herzlich willkommen!«

Es ist ein sonderbarer Raum. Wände, Boden und Decke sind in einem eigentümlichen, schwarzvioletten Farbton gestrichen. Im Zimmer – in dem es kein einziges Möbelstück gibt – schweben eine Menge Gegenstände, die aus dünnen Glasstäben und Glühbirnen zusammengebastelt sind. Ich mache die Augen zu und überlege: Genau, hier befindet man sich im Universum. Theo sitzt auf einem Kissen. Er trägt kein Monokel, sondern hat sich ein kurzes schwarzes Fernrohr ins rechte Auge geklemmt. »Setze dich bitte auf das Kissen an der Tür«, sagt Theo. Ich setz mich im Schneidersitz auf ein schwarzes Kissen, das gleich neben der Tür liegt.

Freiwillig wäre ich keinen Schritt gegangen. Ich fühl mich wie eine Fliege, die sich am Rand eines riesigen Netzes befindet, die Glasstäbe funkeln wie Spinnweben. Wenn du einen von diesen Fäden streifst, kommst du nie mehr los, Theo spinnt dich in einen Kokon ein und tötet dich, indem er dir den Daumen unter das Schlüsselbein drückt.

Die Jalousie ist halb hochgezogen, und ein Teil des Zimmers liegt in einem Lichtkegel. Die Farben des Regenbogens glitzern in den Glasstäben und Glühbirnen. Milliarden von Staubkörnchen schweben in der Schwerelosigkeit umher.

Ich beschatte die Augen mit der Hand und versuche, in den dunklen Teil des Zimmers zu schauen. Dort gibt es kein Stäubchen in der Luft. Allmählich kann ich Myriaden von kleinen gelben Punkten wie Fliegendreck an den fast schwarzen Wänden erkennen. Theo rutscht im Sitzen mit herabgebeugtem Kopf auf dem Kissen zum Fenster und zieht die Jalousie ganz herunter. »Mach die Tür zu!«

Ich drücke die Tür mit dem Rücken zu. Langsam nimmt das Universum Form an, je mehr die Augen sich daran gewöhnen. Die wenigen kleinen Glühbirnen streuen ihren Lichtstrahl zwischen den spiegelnden Glasstäben aus, die Fliegenspritzer an der Wand glühen. Sie bestehen aus Leuchtfarben. Die blaue Jalousie ist mit winzigen Löchern durchstochen, die das Muster der Milchstraße bilden. Plötzlich höre ich einen schwirrenden, sehr hohen Ton. Vielleicht habe ich ihn schon lange gehört, ohne ihn wahrzunehmen. Der Ton schwillt immer mehr an. Ich versuche, die langsam kreisenden Sternhaufen zu fixieren, aber es ist fast unmöglich; sie entgleiten mir.

Nach einigen Minuten bin ich nicht mal mehr sicher, ob ich noch auf dem Boden sitze. Es ist, als gleite das Kissen sacht mit mir durch den Raum, als gebe es weder Oben noch Unten, weder Norden noch Osten... Die Jalousie schnappt mit einem Knall hoch, und die Sonne stürzt in den Raum, als hätte man ein Schleusentor geöffnet. Es brennt in den Augen, und ich bohre meinen Kopf zwischen die Knie. »Dies ist die Welt, bevor Gott erschien«, sagt Theo und rutscht mit dem Hintern zur Tür. »Ist das ein Museum oder sowas?«

Theo kommt bei mir an und öffnet die Tür. Wir stehen auf und gehen hinaus. »Hast du das schon gesehen?« fragt Theo und zeigt auf ein kleines Guckloch in der Tür. »Nein. Soll man von draußen reingucken?« »Ganz recht. Das Zimmer muß geschlossen sein, damit sich die Kräfte ungestört entwickeln können. Ich bin noch nicht damit fertig. Unter anderem muß das Fenster besser abgedichtet werden.« »Warum?« »Weil ich die Luft aus dem Zimmer pumpen muß, damit ein Vakuum entsteht. Alles muß sein, wie es war, bevor Gott erschien. Sonst kommt Gott nicht.« Wie bescheuert! Glaubt Theo, daß Gott in diesem alten, schwarzgestrichenen Zimmer entsteht, wenn man nur die Luft herauspumpt? Das ist ja kindisch. Das Universum ist schließlich trilliardenbillionen Mal größer. »Wie soll Gott denn da reinpassen?« frage ich ihn. »Da alles verkleinert ist, wird auch Gott verkleinert sein. Nicht nur im Umfang, sondern auch in seiner Kraft. Die Kraft des neuen Gottes wird sich genau proportional zum Raum verhalten.« »Wie sieht er denn aus?« »Das weiß man nicht. Noch niemand hat Gott unter den Bedingungen eines Laboratoriums gesehen. Aber ich habe eine Kamera mit Blitzlicht an der Decke montiert. Mit automatischem Auslöser.« »Was willst du denn mit ihm machen? Soll er hier drin bleiben?«

Theo lacht, packt mich mit dem Schlüsselbeingriff und schüttelt mich: »Eins nach dem anderen, junge Frau. Noch wage ich kaum zu hoffen, daß Gott überhaupt kommt. Die Glühbirnen gehen immerzu hops. Minderwertige Qualität!«

Hopsgehen, es klingt idiotisch, wenn Theo das sagt. Tattergreise sollten bei ihrer eigenen Sprache bleiben und nicht versuchen, den Jüngeren die Worte wegzunehmen. »Ich wollte vorschlagen«, fährt Theo fort, »daß du mich begleitest, um ein Geschenk für Nora auszusuchen. Sie wird am Donnerstag um elf Uhr 39 Jahre alt.«

Ich hole die Schachtel mit den Kontaktlinsen hervor. »Das wollte ich ihr schenken. Findest du es gut?« Theo nimmt die Schachtel, schnappt sich das Monokel und mustert die Kontaktlinsen, seine lange Nase wie einen Schnabel in den Samt des Etuis gesteckt. »Sehr kleidsam! Fräulein Nora liebt Bijouterien. Ich möchte zur Wahl des Geschenkes gratulieren. Muß eine Stange Geld gekostet haben.«

»600 Mark.« »Na, ich danke«, sagt Theo und gibt das Etui mit einer kurzen Verbeugung zurück. »Meine verstorbene Gattin trug Halbgläser mit Perlmuttfassung. Sehr dekorativ, wenn auch ein wenig aufdringlich, möchte ich sagen.« Ich begleite Theo in die Stadt, es ist einer der heißesten Tage in diesem Jahr. Wir entscheiden uns für eine korallenrote Bademütze als Geschenk für Nora; sie ist dicht mit kleinen Gummihörnern besetzt, und so sieht die ganze Kreation wie ein frisch gehackter Igel aus. Sind Igel Schalentiere? Theo ist mit der Wahl sehr zufrieden und lädt mich danach zu Tee und belegten Broten ein.

Er fing mich wie ein Vogel.
Ganz vorsichtig.
Die Luft war erfüllt von Nebel,
durch das Licht schimmerte
irgendwo.

Nachmittags weiß eine nicht mehr weiter. Sie ist schon ganz leer geweint. Sie wohnt bei ihrem Freund und hat deshalb ihre Wohnung aufgegeben. Er will sie nie anmelden beim Wohnungsamt, weil er sich schämt. Denn er ist verheiratet und seine Frau im Ausland. Das stört sie aber nicht: weil sie geistig so gut übereinstimmen. Dann lernt er ihre Freundin kennen. Für sie ist die Ehe nicht nebensächlich. Darum läßt er sich scheiden und will die Freundin heiraten, nachdem er sie im Urlaub ausprobiert hat und zufrieden ist. Sie soll einfachheitshalber mit der Freundin tauschen, denn die hat eine Wohnung. Wenn sie keine Schwierigkeiten macht, will er ihr die Umzugskosten begleichen. Die Rechtsanwältin hat gesagt, sie soll bei so viel Großzügigkeit zugreifen, weil gereizte Männer sehr unangenehm werden können.

Es ist 3.00 Uhr genau auf die Sekunde. Die Zeit kriecht wie eine müde Fliege davon. Theo hat mir einen neuen Sommerhut und Stiefel spendiert. Sehr großzügig, das bin ich gar nicht gewohnt von ihm. Da hab ich meinen neuen Sommerhut und meine Stiefel glatt Joker vorgeführt. Das erste und letzte Mal. Nachher haben wir uns telefonisch zerstritten. Jetzt warte ich wirklich schon lange und bin ziemlich verzweifelt, und ein bißchen bereue ich es schon, daß ich mich so stark gemacht habe. Ich habe geglaubt, daß Joker mehr an mir hängt und daß er es nicht so lange ohne mich aushält. Jedesmal, wenn das Telefon bei uns klingelt, saus ich hin und heb ab, weil ich glaube, daß er ist es und er sagen wird, daß es furchtbar blöd war und ob es mir recht sei, wenn er am Abend zu mir käme. Aber jedesmal ist es Mama oder Vater, und ich hab ein langes Gesicht und könnte heulen.

Ich brauche niemanden, der mich bedauert. Mit Theo kann man über alles reden. Ein bißchen peinlich ist mir das Ganze auch, weil Joker so tut, als ob ich ihm gleichgültig bin. Ich steh nicht so über den Dingen, daß mir das nichts ausmacht. Bis zu einem gewissen Grad darf jeder Mensch eitel sein, und ich auch. Sonst wär ich weiter mit meinen alten Stiefeln gegangen.

In Wirklichkeit bin ich Joker natürlich nicht Wurst. Er veranstaltet nur einmal eine Nervenprobe. Und ich veranstalte auch eine, damit wir quitt sind. Er soll sehen, daß er mit mir nicht so umspringen kann. Ich weiß nur nicht, wie lange ich es aushalte ohne ihn.

In meinem Kopf ist ein richtiges Durcheinander. Ich hab in der letzten Zeit kein Buch mehr gelesen (und zum Malen komme ich auch nicht mehr). Es ist ja auch vollkommen sinnlos, weil ich mindestens nach dem dritten Satz steckenbleibe, und dann les ich oft zehnmal den gleichen Absatz und kann nachher trotzdem nicht sagen, was drinsteht.

Am liebsten möchte ich jetzt oft überhaupt nichts tun, nur dasitzen, rauchen und glücklich sein.

Je mehr ich ihn in Gedanken beschimpfe, desto mehr muß ich an ihn denken, das ist dumm. Ich erinnere mich daran, wie lieb er oft war, und das beruhigt mich dann für einige Zeit. Ich sage mir, daß er bestimmt auch sehr an mir hängt und daß er nur Hemmungen hat, es richtig zu zeigen. Vielleicht glaubt er, daß der Krach zwischen uns von mir provoziert ist. Ich war früher viel öfter bei ihm als zuletzt. Vielleicht hat er das irgendwie mißverstanden: Er glaubt möglicherweise, daß mir nicht so viel an ihm liegt und daß ich zu feig bin, ihm das ehrlich zu sagen. Wenn das so ist, dann ist es klar, daß er nicht zu Kreuze kriecht. Oft läuft jetzt in meinen Gedanken ein Film ab. Da stell ich mir vor, wie sich alles wieder einrenkt, und zwar in den verschiedensten Variationen, und gefühlsmäßig geh ich dabei unheimlich mit. Da gibt es z.B. den Film, in dem die Türklingel läutet, und Joker steht draußen mit einer Dose Katzenfutter für Cleopatra, meine schwarze Siamkatze, und symbolisch bedeutet das, daß er einen Blumenstrauß hat, denn daß Joker wirklich mit Blumen aufkreuzt, ist sicher nicht drin. Oder ich stell mir vor, daß ich auf der Straße gehe, und ich schau mit meinen neuen Stiefeln und Sommerhut besonders gut aus, und Joker fährt mit seinem neuen Porsche vorbei, und er bremst so abrupt, daß ihm hinten einer drauffährt. Aber ihm ist das Wurst, weil er sich so freut, daß er mich sieht, und er packt mich gleich in sein Auto, und wir fahren zu ihm nach Hause. Einmal hab ich mich zufällig im Spiegel gesehen, als in mir so ein Gedankenfilm abgelaufen ist, da hab ich bemerkt, daß ich richtig Gesichter schneide und den Mund bewege wie beim Reden. Ich muß aufpassen, daß ich nicht noch einen Dachschaden kriege.

Der Mond kommt
direkt auf mich runter.
Die Worte hallen
und werden immer größer.
Sie selbst wird immer kleiner.
Sie ist bloß noch eine
ganz kleine Kugel.

Abends geht eine nur deshalb nach Hause, weil ihr Kind auf sie wartet und weil das Kind so gern Abendbrot ißt. Und das Kind ist noch gar nicht erwachsen und möchte ein weiches Tier haben zum Streicheln oder jemanden, der noch ganz lange im Dunkeln am Bett sitzt und zuhört.

Abends klingelt das Telefon. Es gibt noch jemanden, der gern was erzählen möchte oder eine Stimme hören will.

Abends geht jemand über eine breite Brücke. Bleibt am Geländer stehen und sieht in das Wasser am Wehr. Ein toter Fisch schwimmt weiß obenauf und dreht sich im Strudel. Eine Rechnung schwimmt hinterher. Sie war einmal ordentlich abgeheftet. Das sieht man an den Löchern am Rand.

Jemand geht weiter im Dunkeln und begegnet niemandem, nur Autoaugen, grellen, starren. Er steht bei Rot an der leeren Kreuzung und wartet auf Grün.

Heute Abend habe ich Joker angerufen. Meine Stimme hat blödsinnig gezittert, so daß ich befürchtete, Joker würde es am anderen Ende merken und dann glauben, daß ich in ihn verschossen sei. Er hätte für solche Gefühle bestimmt kein Verständnis, und ich bemühe mich ja auch, souverän zu sein. Aber leider kann ich das nicht so perfekt wie er.

Als er sich gemeldet hat, war seine Stimme ganz normal, und ich hab gleich Schwung geholt und drauflos geredet, damit sofort klar war, daß mein Anruf einen realen Grund hat, und er nicht glaubt, ich rufe ihn aus Sehnsucht an. Er hat mir zugehört, und war so vollkommen ruhig, daß ich mich schon gefragt habe, ob er überhaupt noch da ist oder ob die Verbindung nicht inzwischen abgeschnappt ist und ich nur der Luft erzähle, was gestern war.

»Joker?« hab ich gefragt, und er »Ja, ja«, und ich habe das Gefühl gehabt, daß er verlegen ist. Er ist sicherlich überrascht über meinen Anruf, hab ich gedacht.

Wer weiß, ob er nicht auch ein bißchen Herzklopfen hat. Und bei dem Gedanken hab ich ganz vergessen, was er für ein Sturschädel ist, und daß ich den Vorsatz gehabt hab, ihn dursten zu lassen. »Joker, sei nicht mehr bös«, hab ich gesagt. »Wir sind zwei richtige Idioten gewesen.« Da hat er wieder nicht reagiert, und das war schon komisch. Es hat ziemlich lang gedauert, bis er gesagt hat: »Es ist aber besser, wenn es zwischen uns aus ist.« Und dann hat er gelacht, als ob er einen blöden Witz gemacht hätte. Ich hab deutlich gespürt, daß es kein Witz war. So lacht man, wenn man was tut, was nicht ganz in Ordnung ist und dabei erwischt wird. Ich bin auf einmal ganz schwach und zittrig gewesen und hab ihn gefragt, ob er das wirklich ernst meint, und da ist er sehr arrogant und patzig geworden und hat gesagt, selbstverständlich meint er es ernst. Ich soll keine Geschichten machen, weil das nicht zu mir paßt, und er kann es nicht leiden, wenn man sich an ihn hängt. Wir hätten von Anfang an einen Pakt geschlossen, daß jeder von uns Schluß machen könne, wann er will, und daß ihm der andere dabei nichts in den Weg legen würde, und ich soll nicht sentimental sein, er sei es auch nicht. Und dann hat er »Tschüss« gesagt und aufgehängt.

Mir war richtiggehend schlecht, obwohl Joker natürlich im Recht war. Wir haben wirklich so einen Pakt geschlossen. Mit der Zeit hab ich mir allerdings eingebildet, daß er nicht mehr gilt, weil wir doch so gut harmoniert haben. Wir haben richtig zusammengehört, und ich hab auch immer eisern zu ihm gehalten, wenn mein Vater gesagt hat, daß Joker eine Rotznase ist. Auch vor Theo hab ich ihn verteidigt. Es hat mich geärgert, wenn irgendwer über ihn geschimpft hat. Immer hab ich gesagt: »In Wirklichkeit ist er nicht so.« Und er sagt einfach »Tschüss, es ist aus« und hängt ab. So kann man es doch nicht machen, auch wenn man im Recht ist. – Na ja, ich muß irgendwie damit fertig werden, aber nachrennen tu ich ihm nicht, das kommt nicht in Frage. Und es wäre ja auch vollkommen sinnlos bei Joker, das weiß ich. Er ist nur ein ziemlich scheußlicher Zustand, viel scheußlicher, als ich es mir vorgestellt habe. Oft komme ich mir jetzt ganz wertlos vor, wie etwas, was jemand bei einer Entrümpelung wegschmeißt. Früher hab ich immer die Überzeugung gehabt, daß ich genauso viel wie jeder andere wert bin. Aber seit es mit Joker aus ist, hat sich das geändert.

Ehrlich, das hätte ich nicht für möglich gehalten, daß mich das so mitnehmen würde, wenn mich Joker versetzt. Ich hab immer geglaubt, daß ich ein vernünftiger Mensch bin. Sogar andere Leute fragen mich, ob ich krank bin, weil ich so dahinschleiche, wenn ich spazierengeh. Ich krieg eine richtige Wut, wenn sie so dumm fragen. Diese Angelegenheit geht schließlich nur mich was an.

Mit Theo hab ich darüber geredet. Er hat mich zwar nichts gefragt, weil das nicht seine Art ist, sondern mich nur mit den Augen aufgemuntert. Wahrscheinlich hat er gespürt, was mit mir los ist, drum hab ich gedacht, ich sag's ihm, dann hab ich's hinter mir. Als mir wieder einmal die Tränen kommen, grinse ich ihn schief an und sage: »Ich bin ganz schön plemplem.«

»Das bist du nicht«, gibt er zur Antwort. »Ich finde sogar bestimmt, daß du damit prima zurechtkommst.«

Ich frage ihn, woher er weiß, was los ist, und da sagt er, daß das nicht besonders schwer zu erraten sei und daß er für Liebeskummer einen Blick habe. Das Wort »Liebeskummer« stört mich richtig. Ich will ihm klarmachen, daß ich selber nicht weiß, warum ich so fertig bin. Er sagt, ich soll mich ruhig ausweinen, das wird mir guttun.

Weil wir das Thema schon hatten, frage ich ihn, ob er sich darüber freue, daß es mit Joker aus sei. Da sagt er, so weit es seine Gefühle beträfe, könne er sich nicht freuen, er sehe ja, daß ich mich sorge. Er ist aber trotzdem froh, daß es soweit ist, und das ist eine Angelegenheit der Vernunft. Mir ist vollkommen klar, was er damit meint. Ich frag Theo, ob er wirklich Angst gehabt hätte, daß mich Joker auf die schiefe Bahn bringen könnte.

Daraufhin ist er sehr still und fast verlegen. Er weicht meiner Frage nicht direkt aus, wie er das früher immer so elegant gemacht hat, irgendwie ist er aber peinlich berührt. Nachdem Theo ein bißchen herumgedruckst hat, sagt er, ich solle jetzt die Wahrheit erfahren, auch auf die Gefahr hin, daß ich ihn nicht mehr möge. Er hat nämlich etwas getan, was ein bißchen gemein war...

Die Schatten sind vielleicht
das Schönste gewesen.
Laß es sein!

Nachts bleibt jemand am Bettrand sitzen. Weil er sich nicht in das Bett legen will, das nachgibt, unter die Decke, die streichelt. Fast wie ein Mensch. Das Licht ist weiter weg als das Dunkel, das nah ist und sich auf die Augen legt.

Morgens war da plötzlich ein Riß in der Erde. So, als ob man auf einer Staubhaut läuft.

Unter uns kann sich die Erde öffnen.

Lisa, 17

Abpeacen und Zudröhnen

Es war für uns anfangs ein tolles Erlebnis,
wir verspürten ein Gefühl der Freiheit,
das wir vorher nicht kannten.

Ein ganz schön langer Weg !

Alles fing vor ca. einem Jahr an. Ich hatte Streß in der Schule und mit meinen Eltern. Das schlimme Erlebnis einer versuchten Vergewaltigung hatte ich bis dahin total verdrängt. Dann aber kamen durch einen Film alle Erinnerungen wieder in mir hoch. Es war eine harte Zeit für mich, vor allem, weil ich mit niemandem darüber sprechen konnte. Ich war viel auf mich allein gestellt und hatte auch fast keine Freunde. Ich war total verzweifelt und fühlte mich völlig hilflos. In dieser Situation wäre ich beinahe von einer Brücke gesprungen.

In meiner Klasse fand ich in einem Mädchen, das auch Probleme hatte, eine gute Ansprechpartnerin und Freundin. Wir hatten vieles gemeinsam und kamen total super miteinander aus. Wir fuhren oft nach Düsseldorf in die Altstadt, wo wir auch ab und zu mal etwas tranken. Dann fanden wir heraus, daß am Hauptbahnhof viel mehr los ist, und wir fuhren die nächsten sechs Monate fast nur dorthin. Es geschah wirklich eine Menge. Als wir aber das erste Mal Shit (Haschisch) angeboten bekamen, lief alles schief. Wir rauchten diese Droge immer öfter, bis sie uns nicht mehr reichte. Wir kamen über Peace und Kokain schließlich zum letzten: HEROIN. Es war für uns anfangs ein tolles Erlebnis, wir verspürten das Gefühl der Freiheit, das wir vorher nicht kannten. Wir nahmen das Zeug über einen ziemlich langen Zeitraum. Bald machten sich auch die ersten Anzeichen der Sucht bemerkbar. In der Schule, wenn wir mal da waren, fingen wir an zu schwitzen, zu frieren und zu zittern.

Unsere Situation spitzte sich immer mehr zu. Wir hatten kein Geld, ohne den Stoff konnten wir aber auch nicht mehr leben – es blieb eigentlich nur der »Strich«, aber das wollten wir auf keinen Fall. Also gab es für uns nur noch einen Ausweg: ABHAUEN, was wir kurz nachher auch taten. Unser Ziel war Berlin. Auf der Zugfahrt aber begann dann der körperliche Entzug, den wir noch so einigermaßen in den Griff bekamen. Viel schlimmer war der »seelische Entzug«. Aber wir blieben eisern.

Allerdings passierte am zweiten Tag unseres Aufenthaltes etwas Furchtbares: Meine Freundin wurde sexuell mißbraucht, und ich wurde vergewaltigt. Wir waren natürlich total fertig und wollten nur noch nach Hause. Wir zeigten die Täter bei der Berliner Kripo an. Unsere Eltern wurden benachrichtigt und holten uns 24 Stunden später von der Kripo ab. Wieder zu Hause, ging ich freiwillig wegen Suizidgefährdung in die Kinder- und Jugendpsychiatrie, um mir helfen zu lassen. Dort fiel mir auch der seelische Entzug nicht mehr schwer. Aber die Folgen der Vergewaltigung werde ich noch lange nicht verarbeitet haben. Was aus der Sucht meiner Freundin geworden ist, weiß ich nicht genau.

Miriam, 15

Das Flowerpower-Mädchen

Die meisten Leute glauben ja leider immer noch, daß man, wenn man eine zeitlang in der Kinder- und Jugendpsychiatrie lebt und dort behandelt wird, irgendeinen Knacks oder »Schaden« haben muß. Wenn ich jemanden etwas länger kenne und ihm erzähle, wo ich zur Zeit wohne, ernte ich sofort einen ungläubigen Blick, frei nach dem Motto »Das hätte ich aber nicht gedacht«. Wenn ich aber dann loslege und meinem Gegenüber meine Geschichte erzähle, wandelt sich dieser »Das-hätte-ich-aber-nicht-gedacht-Blick« in einen »Ach-so-Blick« um.

Also habe ich beschlossen, meine Geschichte niederzuschreiben, weil ich aus Gründen hier bin, die bestimmt jeder Jugendliche auch kennt. Ich will damit deutlich machen, daß viele Leute keinen »Schaden« haben, wenn sie hier sind, sondern es auch sein kann, daß sie einfach mal einen Fehler in ihrem Leben gemacht haben. So wie ich.

Alles fing ganz alltäglich an: Ich saß mit meinem Freund in einem Eiscafé und war das, was man »gut drauf« nennt. Später brachte er mich zum Bus, und ich fuhr in mein »Zuhause«, das Internat, zurück. Als ich dort ankam, legte ich eine Platte von Led Zeppelin (oder war es David Bowie?) auf und beschloß, abzupeacen, was bedeutete, drei bis vier Joints zu rauchen. Damals liebte ich diese Selbsterfahrungstrips ganz besonderer Art. Ich pflegte mein hippiemäßiges Outfit, und Hasch öffnete den Weg in die Flower-Power-Zeit. Daß es diesmal anders kommen und dieser Trip in einer ganz neuen Erfahrung enden sollte, ahnte ich da noch nicht.

Da saß ich nun zugekifft bis oben hin, direkt neben meiner Stereoanlage, aus der die Depri-Musik schlechthin dröhnte, und auf einmal war oder fand ich alles Scheiße: ich wollte nicht in einem Stadtteil leben, wo das Einkommen deines Vaters wichtiger ist als dein Charakter, ich haßte die ganze Oberflächlichkeit, mit der man miteinander umzugehen pflegte, und ich machte mir wieder einmal klar, daß ich nicht mal eine richtige Familie besaß – meine Eltern sind geschieden; mein Vater lebt in Afrika, meine Mutter hat mich nach einigen Auseinandersetzungen rausgeschmissen. Es mag zwar kitschig klingen, aber ich kam mir ziemlich einsam und verlassen vor. Ich mußte irgend etwas gegen dieses Gefühl tun. Ich ging zu meinem Regal, wo noch eine Flasche Wein stand, öffnete und leerte sie, in der Hoffnung, daß der Alkohol meine Einstellung ändern könnte. Doch nichts geschah. Kein Wunder, denn weder Alkohol noch andere Drogen können Gefühle wirklich töten!

Auf einmal, ganz plötzlich, hämmerte der Rausch mir die Lösung für mein Problem ein: »Du mußt dich umbringen!« schrie es in mir. Ich kramte sechs Pakete Tabletten hervor und schluckte den ganzen Inhalt. Dann saß ich da und wartete.

Auf einmal klopfte es an meiner Tür. Es war ungewohnt für mich, um diese Zeit noch gestört zu werden, und deshalb schreckte ich hoch. Ein Erzieher stand vor mir und fragte mich, was denn los sei. Er hielt meine von Alkohol und Drogen geröteten Augen für ein Zeichen, daß ich geweint haben müsse. Ich sagte ihm, daß es mir ziemlich schlecht gehe (das stimmte ja auch), um die Illusion vom Weinen aufrecht zu erhalten. Lange gelang mir das nicht, da ich, kurz nachdem ich gesprochen hatte, in Ohnmacht fiel.

Ich wachte erst zwölf Stunden später wieder auf, und zwar auf der Intensivstation. Was in der Zwischenzeit passiert war, werde ich wohl nie erfahren. Auch an meinen kurzen Aufenthalt auf der Intensivstation kann ich mich nur noch schwach erinnern.

Irgendwann kam eine Ärztin in mein Zimmer und fragte mich, ob ich etwas gegen einen Aufenthalt in der Kinder- und Jugendpsychiatrie einzuwenden hätte. »Nein«, sagte ich, weil ich merkte, daß ich dringend Hilfe nötig hatte.

Heute weiß ich, daß diese Entscheidung, die ich vor sieben Monaten traf, richtig war. Daß ich mich verändert habe und nun entlassen werde, habe ich zum großen Teil den Ärzten, Betreuern und Therapeuten zu verdanken, die sich hier auf der Station um mich gekümmert haben. Auch wenn die Zusammenarbeit mit mir nicht immer einfach war, weil ich oft genug alles einfach hinschmeißen wollte, habe ich jetzt die Chance, noch einmal von vorne anzufangen.

Michaela, 18

Haschisch war wie ein guter Freund

Bis zu meinem siebten Lebensjahr dachte ich immer, daß das Leben das Schönste sei, was einem passieren kann. Doch eines Tages hörte ich, wie meine Eltern sich stritten, mein Vater war sehr laut und schlug meine Mutter auch mehrere Male. Meine Mutter schrie immer nur, daß sie nicht mehr wolle und daß sie jemand anderen kennengelernt habe. Ich hatte Angst und rannte zum Telefon, um meine Großmutter anzurufen, sie war sozusagen der Häuptling der Familie. Es dauerte nicht lange, bis sie kam. Sie sagte meinen Eltern, daß ich sie angerufen habe. Sie redete auf meine Mutter ein, sie solle es sich noch einmal anders überlegen, aber meine Mutter schüttelte nur den Kopf. An diesem Tag saß ich bis halb drei nachts zu Hause und habe auf meinen Vater gewartet, aber er kam nicht. Zwei Tage später saß meine Mutter mit einem für mich fremden Mann im Wohnzimmer und sagte, daß das mein neuer Papa sei.

Ich rannte weg – ich war acht Jahre alt und zum ersten Mal auf mich allein gestellt. Ich war fast vier Monate in Holland, den Leuten dort erzählte ich, daß ich dreizehn sei und schon ein Jahr Kiffer. Ich habe fast die ganzen dreieinhalb Monate durchgekifft. Dann aber wollte ich zurück nach Düsseldorf zu meiner Mutter. In Düsseldorf geriet ich auch sofort in einen Drogenkreis. Dann mußte ich auf eine Hauptschule, wo auch mit Drogen gehandelt wurde. Das war mein Absturz – ich war im Glauben, daß der neue Freund meiner Mutter mir meine Mutter wegnimmt, und ich entwickelte immer mehr Haß. Ich klaute ihm nach und nach alles, was einen Wert hatte und verkaufte es. Als meine Eltern zum ersten Mal Verdacht schöpften, daß ich sie beklaute, habe ich es abgestritten und bin abgehauen.

Seit dem gab es für mich immer nur Drogen. Nach zwei Jahren reichte mir Haschisch nicht mehr, und ich fing an, Trips zu schmeißen, Pillen zu fressen, Koks zu ziehen – dann entschied ich mich für Schore und war ganz schnell drauf. Es waren eineinhalb Jahre, in denen ich alles klaute, was ich konnte. Ich habe mir bei allen möglichen Leuten Geld geliehen und nie wieder zurückgegeben, ich habe Handtaschen geklaut, Menschen zusammengeschlagen – wofür, für Drogen, um mir den Kopf vollzudröhnen. Ich bin einmal zu meiner Oma gefahren und habe sie gefragt, ob sie mir nicht 50 DM für die Kirmes geben könne. Sie sagte, sie habe kein Geld und gab mir ihre Scheckkarte. Ich könne mir 50 Mark abheben, sagte sie. Alles in allem hob ich 1250 DM ab, sie wollte mich nie wiedersehen. War es das wert?

Mit der Zeit habe ich dann selbst angefangen, Drogen zu verkaufen und mich wieder auf Haschisch umgestellt. Es war schwer, von der Schore runterzukommen, aber ich habe es geschafft. Einmal habe ich gepumpt (Heroin) – um von diesem einen Druck runterzukommen, habe ich mich in meiner Wohnung eingeschlossen und den Schlüssel abgebrochen. Nach vier Tagen habe ich die Polizei angerufen und gesagt, daß ich den Schlüssel versehentlich abgebrochen hätte, daraufhin haben sie die Tür aufgebrochen. Ich habe nur ein einziges Mal Crack probiert, das reichte mir. Ich wußte nicht mehr, wo, wer oder was ich bin. Von überall haben Blitze in mich eingeschlagen, ich habe mich gefühlt wie ein Elektrizitätswerk. Nach diesem Erlebnis hatte ich kein Verlangen mehr nach Crack, immer nur nach Haschisch. Haschisch war wie ein guter Freund.

Ich habe nur einen sehr großen Wunsch, daß die Zeit nochmal zehn Jahre zurückgedreht wird. Ich würde mir mein Leben so gestalten, wie ich es mir immer gewünscht habe. Ein Leben mit geregeltem Tagesablauf, normalem Schulgang, anständiger Arbeit, Ehrlichkeit.

Peter, 16

Mein Wille zu leben war stärker

Angefangen hat es bereits vor meiner Geburt. Meine Mutter, eine Alkoholikerin und Fixerin, unternahm alles, um mich nicht auf die Welt kommen zu lassen. Allerdings hatte sie Pech, denn mein Wille zu leben war stärker. So bekam ich seit meiner frühesten Kindheit bereits das ganze Elend einer Alkohol- und Drogenkarriere mit.

Meinen richtigen Vater habe ich nie kennengelernt. Er ist, soweit mir bekannt ist, einige Wochen nach meiner Geburt aus dem Haus geschmissen worden. Außerdem soll er auch im Knast gewesen sein. Der damalige Freund meiner Mutter übernahm die Rolle des »Ersatzvaters«. Im Alter von zwei Jahren bin ich zu meinen tschechischen Großeltern gekommen. Die Zeit bei ihnen war sehr schön, und ich habe viel von ihnen gelernt. Meine Großeltern brachten mich auch in den Kindergarten. Daran habe ich nur gute Erinnerungen. Direkt neben uns war eine Bäckerei. Dort konnte ich mir immer umsonst Gebäck holen. Doch mein Glück dauerte nicht lange, denn als ich vier wurde, holten mich meine Mutter und ihr Freund wieder »nach Hause«. Das hat meine Oma nicht verkraftet. Sie starb, wie es später hieß, an gebrochenem Herzen. Heute denke ich, sie hat gewußt, was auf mich zukommt, aber sie hat mir nicht helfen können. Manchmal gebe ich mir heute noch die Schuld am Tod meiner Großmutter. Ich denke, wenn ich damals mit ihr gegangen wäre, könnte sie heute noch leben. Sie reichte mir die Hand, und ich blieb einfach sitzen. Es war auch das erste Mal, daß ich nicht auf meine Oma gehört habe.

Bei meine sogenannten Eltern Fred und Sonja ging der ganze Terror von vorne los. Ich hatte inzwischen zwei jüngere Schwestern, die die ganze Liebe bekamen, die ich damals so dringend gebraucht hätte. Meine Mutter konnte Jungen nicht ausstehen, und so war sie von der Idee besessen, ich hätte mich in ihr zu einem Jungen verwandelt, um sie zu ärgern. Natürlich vernachlässigte meine Mutter auch meine Schwestern, und der Fred war sowieso nicht allzu oft zu Hause, trotzdem hatten sie es etwas besser als ich. Mit Carmen, meiner älteren Schwester, verstand ich mich recht gut. Gemeinsam versorgten wir Jessi. Wir gingen dafür bei Freunden und Bekannten im Haushalt helfen (spülen, waschen, saugen etc.). Wenn sie uns fragten, warum wir das machten, erzählten wir ihnen was von Taschengeldaufbesserung und so. Der Sonja und dem Fred war es egal, was mit uns (besonders mit mir) geschah. Sie fragten mich nie, was ich gemacht habe, wo ich war usw. Auch als ich mal für drei Wochen weg war, fragten sie nichts. Ich bekam nur Schläge, Schläge für jede Kleinigkeit. Sie schlugen mich nicht nur mit der Hand bzw. mit der Faust, sondern auch mit Gegenständen (Baseballschlägern, Fahrradketten, Seilstücken usw.). In der Schule und später dann im Kinderhort erzählte ich immer was anderes – ich wäre gefallen, hätte mich geprügelt usw. Dadurch galt ich als gewalttätig und wurde von vielen gemieden. Nur die Frau vom Kinderhort glaubte mir die Geschichte nicht und sprach deswegen mit meiner Lehrerin. Die beiden brachten mich zu einer Ärztin und ließen mich untersuchen. Die Ärztin stellte natürlich fest, daß ich mißhandelt wurde. Ich kam noch am selben Tag in ein Heim. Leider schafften es Sonja und Fred, mich ziemlich schnell wieder rauszuholen. Und so begannen die Quälereien wieder von vorne. Manchmal wurde ich sogar mit der Hundepeitsche »erzogen«. Es ging bis in den sexuellen Bereich, was ihnen leider nicht nachgewiesen werden konnte. Ich kam mehrere Male in ein Heim oder in Pflegefamilien. Aber immer schafften es Sonja und Fred, mich wieder nach Hause zu holen. Selbst das Abhauen hat mir nie etwas gebracht. Kurz vor meinem achten Geburtstag kam meine Rettung. Meine jetzige Adoptivmutter, eine Sozialarbeiterin, und ihr Mann, ein Sozialarbeiter, nahmen mich mit. Nach zwei bis drei Monaten adoptierten sie mich. Alles in allem war es eine recht schöne Zeit, aber auch sie kamen mit mir – und ich mit ihrer Lebenseinstellung – nicht klar.

1989 kam ich dann zum ersten Mal in eine Psychiatrie, nach meiner Entlassung wieder in ein Heim, dann wieder Psychiatrie – und so ging es immer weiter, bis ich dann schließlich in Darmstadt auf der Straße landete. Nach drei bis vier Monaten griff mich die Polizei auf: zugekifft, fertig und völlig orientierungslos. So landete ich auf Umwegen schließlich in der Kinder- und Jugendpsychiatrie Düsseldorf. Qualifizierter Realschulabschluß, betreutes Wohnen, Lehrstelle als Elektroinstallateur und LEBENSFÄHIG zu werden, das sind meine Ziele – ob mir das gelingt?

Rolf, 18

Total irre durch Drogen

Mein Leben war eigentlich ganz normal, als ich noch ein Kind war, nur daß ich sehr unter den Konflikten meiner Eltern zu leiden hatte. Am schlimmsten war es für mich, daß sich meine Eltern trennten. Zu dieser Zeit war ich neun Jahre alt. Man fragte mich, zu wem ich ziehen wollte, also, wen ich lieber mochte von beiden. Meine Mutter entschied dann für mich: Ich sollte mit ihr zusammen wohnen. Sie mietete eine Wohnung für uns. Ich war in der ganzen Zeit, in der meine Eltern getrennt lebten, ziemlich alleine. Ich fühlte mich einsam. Laufend bekam ich Geschenke von meinem Vater, das hatte er früher nie getan. Früher war er nie für mich da, nie für seine Familie. Eines Tages dann, als ich ins Wohnzimmer kam, lag mein Vater mit meiner Mutter auf dem Sofa; es war klar, daß sie wieder zusammen waren.

Wir wohnten mit drei Personen und einem Hund in einer sehr kleinen Wohnung, bis ich elf Jahre alt war. Dann zogen wir in eine größere Wohnung. Mein Vater hatte sich in einem gewissen Maße geändert, so daß meine Eltern sich nicht mehr so häufig stritten. Ich spielte noch immer keine Rolle, ich war meist nur der Streitpunkt. So langsam habe ich dann eine Schutzmauer aufgebaut, die alles abprallen ließ.

Mit zwölf Jahren wollte ich zum ersten Mal von zu Hause weg, ich hielt es nicht mehr aus, meine Eltern verstanden dies nicht. Ich wollte in eine WG, kam aber in ein Internat im Sauerland. Dort konnte ich mich nicht anpassen, und so flog ich nach einem halben Jahr raus. Dann starb mein Hund, das war der größte Schlag meines Lebens. Mein Hund war mein ein und alles auf der ganzen Welt. Er war der einzige, dem ich mein Leid klagte, und er schenkte mir Liebe. Ein Teil von mir starb mit ihm. Seit dem Tod meines Hundes ging alles bergab. Ich ging zum Jugendamt, um mir Hilfe zu holen. Meine Mutter verstand sich ganz gut mit der Frau vom Jugendamt, ich nicht. So beschlossen sie auch gemeinsam über mein Schicksal. Ich kam in eine WG, dort gefiel es mir auch ganz gut, nur, daß sie sehr weit weg war von zu Hause, von meinem Freundeskreis. Ich war damals mit Punks zusammen, meine Mutter hatte etwas gegen diese Leute, sie bezeichnete sie als Randgruppe und gesellschaftsschädigend. Eigentlich hatte sie gegen alle meine Freunde irgend etwas. In der WG blieb ich aber auch nicht lange, ich bin von dort abgehauen und versteckte mich bei Freunden, bei denen ich jedoch nicht lange bleiben konnte. So mußte ich notgedrungen auf der Straße leben. Ich wollte nicht nach Hause gehen, denn ich hatte Angst, Angst vor den vielen Vorwürfen, die meine Mutter mir machen würde.

Ungefähr vier Monate lebte ich auf der Straße, dann sollte sich plötzlich mein Leben ändern. Zuvor hatte ich selten Hasch geraucht oder Alkohol getrunken, ich rauchte nur Zigaretten. Auf einer Fete aber lernte ich einen sehr nett wirkenden jungen Mann kennen. Ich unterhielt mich den ganzen Abend mit ihm, er bot mir dann schließlich an, bei ihm für einige Zeit zu wohnen, wenn ich wollte. Er gab mir seine Adresse, ich überlegte es mir und ging zu ihm. Er wohnte in einem kleinen Zimmer in der Uniklinik. Es wirkte sehr gemütlich auf mich, obwohl es sehr »versifft« war und total unaufgeräumt. Dieser Mann war so anders als die meisten, die ich kannte. Es stellte sich heraus, daß er total »abgedreht« und paranoid war. Zuerst kam ich ganz gut damit zurecht, später wurde es mir zu viel. A. machte seinen Zivildienst und hatte wirklich nicht viel zu tun, ging aber trotzdem nicht zur Arbeit. Wir hingen den ganzen Tag nur in der Bude rum, zwischen Gestank und Siff. Wir hingen wie die Kletten aneinander.

Dann bot sich mir eine einmalige Chance, ich kam in eine Pflegefamilie. Obwohl die Leute sehr nett waren, hielt ich es dort nicht lange aus. So kehrte ich zu A. zurück. Ich wollte immer noch nicht nach Hause. Es wurde immer schlimmer mit den Drogen. Wir rauchten den ganzen Tag nur Hasch. Nach einer Zeit reichte uns der Rauschzustand von Hasch nicht mehr, und wir gingen auf härtere Drogen über, wir nahmen Valium und LSD. Von LSD bekam ich keinen richtigen Rauschzustand, jedenfalls nicht so, wie ich es mir erhofft hatte. Die Wirkung kam erst eine Woche später und ganz langsam, sie war ganz verwirrend und hat mich total irre gemacht, so daß ich schreiend aus dem Haus gerannt bin und dachte, daß mein Freund ein Teufel sei.

Ich kam zum ersten Mal in eine Psychiatrie. Ich war schwer krank, hatte eine Psychose. Als ich wieder gesund war, zog es mich wieder zu diesem Mann, der eigentlich mein Untergang war. Wir nahmen wieder Drogen, und ich kam noch einmal in eine Psychiatrie wegen einer Psychose. Ich mußte mich jetzt schweren Herzens von diesem Mann trennen. Doch auch aus diesem schlimmen Zustand hatte ich immer noch nicht gelernt. Ich nahm erneut Alkohol und Hasch, was zur Folge hatte, daß ich ein drittes Mal in die Psychiatrie mußte – wieder wegen einer Psychose, die noch weitaus schlimmer war als die vorigen.

Jetzt bin ich noch mitten in der Therapie, lasse mir diesmal Zeit und hoffe, daß ich die Kraft habe, noch einmal ganz von vorne anzufangen. Mein Leben neu aufbauen, das ist mein Ziel.

Anna, 16

Und nach der Klinik?

Alles lag nun in meiner Entscheidungskraft:
Wann, wo, mit wem, warum und ob ich mich überhaupt
mit jemandem treffen will.
Da war ja auch noch der Haushalt zu schmeißen,
einkaufen zu gehen, Hausaufgaben zu machen,
Termine einzuhalten usw.

Allein

Die Erinnerung an früher.
Allein, wenn ich sehe, wie das Licht in mein Zimmer fällt.
Oder wenn ich morgens die Geräusche höre.
Eine andere Weltsicht: Du bist einer von sechs Milliarden, kaum einer kennt dich, interessiert sich für dich.
Horrorvision: Die Straße im freundlichen Morgenlicht,
Samstag, alle sind zu Hause, alle sind beschäftigt.
Wenn ich runtergehe, wird man mich freundlich begrüßen.
Die Eltern am Frühstückstisch,
ich setze mich dazu.
Ich könnte mit ihnen reden...
Aber ich bin nur ein kleines Nichts;
die Welt läuft weiter, auch ohne mich.
Erinnerungen an draußen...
die Terrasse, der Garten, die Straße, die Stadt.
Alles so bekannt.
Nicht bedrohlich, aber leer, langweilig, kalt, tot.
Nur eine winzige Stadt auf dieser großen Welt.
Es fehlen die Farben, es fehlt das Leben, die Wärme.
Alles ist so bekannt und doch so schrecklich. Nichts Neues, alles wie immer. Draußen.
Die Felder vor dem Haus sind kahl, in Dunst gehüllt.
Ein paar Raben ziehen ihre Kreise.
Es riecht nach früher.
Es ist nicht ganz so schlimm wie früher.
Doch die Erinnerung nimmt mich gefangen.
Ich bin allein.

Jochen, 20

Es waren einfach sehr viele Unsicherheiten

Im Dezember 91 wurde ich entlassen und bezog meine erste eigene Wohnung, ging also ins »Betreute Wohnen«. Der Käthe-Kollwitz-Verbund übernahm die Betreuung. In der eigenen Wohnung angekommen, hatte ich erstmal nur eines im Kopf, meine neu erworbene »Freiheit« tüchtig zu genießen. Nach dreieinhalb Jahren strukturierter Tagesabläufe hört sich das verständlich an, jedoch war es gar nicht so einfach, nun alleine zu sein, weil ich die Jahre davor immer Menschen um mich hatte (zwar ungewollt von mir, aber sie waren da). Alles lag nun in meiner Entscheidungskraft: Wann, wo, mit wem, warum und ob ich mich überhaupt mit jemandem treffen will. Da war ja auch noch der Haushalt zu schmeißen, einkaufen zu gehen, Hausaufgaben zu machen, Termine einzuhalten usw. Fazit: Nicht selten fühlte ich mich überfordert. Es waren einfach sehr viele Unsicherheiten in mir. Ein Gefühl der Erschöpftheit machte sich in mir breit. Ich befürchtete, in den letzten Jahre zu intensiv mit mir zusammengelebt zu haben. Ich mußte mich etwas mehr zurücknehmen, aber leichter gesagt als getan. Gut, daß ich zu diesem Zeitpunkt Freunde hatte, die mir Familie waren. Es war kein Problem, mal bei einem zu übernachten, wenn mir die Decke auf den Kopf fiel, und was wichtig war, die Leute hatten nichts mit dem Landeskrankenhaus zu tun. Ich war nicht völlig losgelöst, meine Freunde, die Gemeinde und mein Glaube an Gott schenkten mir in vielen Situationen neuen Lebensmut, Kraft und Trost und vor allem einen Lebenssinn.

Ich begann ein Vorpraktikum in einer Kindertagesstätte mit der Perspektive, nach einem Jahr die Erzieherschule in Düsseldorf zu besuchen. Kinder sind tolle Geschöpfe, ich blühte auf und ließ mich anstecken von ihrer Unbeschwertheit und Lebensfreude. Zu diesem Zeitpunkt begann ich eine Freundschaft zu einem Mann, der mit mir in einem Haus, direkt unter mir, wohnte. Anfänglich eine entspannte Beziehung, die aber zusehends komplizierter wurde, je länger sie voranschritt. Ein Jahr Praktikum kann eine lange Zeit sein, und ich sah mich mit dem Leben und dem Alltag konfrontiert. Manchmal fiel es mir schwer, den Haushalt zu regeln, dann hatte ich vergessen einzukaufen, nichts zu essen, und so könnte ich die Seite vollschreiben. Ich empfand es als nicht immer einfach, für mich zu sorgen, Verantwortung für mein Leben zu übernehmen. Manchmal bekam ich Angst, denn das Leben in der Klinik, diese dreieinhalb Jahre, in denen es mir schlecht ging, waren nicht so leicht zu verdrängen, wie ich es mir gewünscht hätte. Bei der kleinsten Überbelastung lag ich mit einer dicken Erkältung im Bett und konnte nicht arbeiten gehen. Zeiten, in denen ich unglücklich war, empfand ich als »normal«. Doch ich lernte einen neuen Weg, mit Problemen umzugehen. Ich rannte nicht mehr zur Therapeutin, sondern betete zu Gott, und er ist mir auch heute noch real und lebendig. Mitte 93 endete dann das Vorpraktikum, und ich wurde an der Fachschule für Sozialpädagogik in Düsseldorf angenommen.

Meine Freundschaft zu dem Mann endete zu ungefähr derselben Zeit, und trotz der neuen Schulsituation, der gescheiterten Beziehung und der Tatsache, daß ich umzog, um Distanz zu bekommen, spürte ich unheimliche Kraft in mir. Ich fühlte mich innerlich gefestigt. Somit begann ich, Dinge in meinem Leben mit aller Intensität aufzuarbeiten (vor allem mein Verhältnis zur gesamten Männerwelt). Ich kam voran, und Gott half mir. Ich erlebte, daß ich zusehends gesünder wurde, daß Erfahrungen, die ich gemacht hatte, nicht wie eine Guillotine über mir hingen, und daß Gott mir meine Schuld vergab und mir gleichsam Frieden schenkte. Ich mußte Probleme jetzt nicht mehr verdrängen, sondern konnte mich ihnen stellen. Seit Anfang 94 habe ich einen neuen Partner.

Heute bin ich zufrieden. Die Schule fordert mich. Ich stelle mich meinen Problemen, lebe in einer glücklichen Beziehung, habe tollen Kontakt zu meiner Mutter, (übrigens, seitdem ich alleine lebe), habe eine große Familie (Gemeinde) und viele Freunde, die mich beschenken, und denen ich was geben kann.

Bianca, 21

Friede, Freude, Eierkuchen?

Ich kam in ein Übergangswohnheim, in dem ich die Selbständigkeit »probte«. Meine Mitbewohner waren alle wesentlich älter, und so konnten wir nicht viel miteinander anfangen. 1988 schaffte ich schließlich, im zweiten Anlauf, meinen 10 B Abschluß, worüber ich heute sehr froh bin. Bedingung für meinen weiteren Aufenthalt im Übergangswohnheim war eine Arbeitstherapie in der Klinik in Grafenberg, da der Tagesablauf sinnvoll gestaltet werden sollte. Davon konnte aber keine Rede sein, denn die Arbeit dort war so anspruchslos und stumpfsinnig, daß sie auch ein Dreijähriger hätte ausführen können. Mein Fehler war, daß ich mich daran gewöhnte und keinen Versuch unternahm, dort wegzukommen. Es ist ja auch bequem, in diesem beschützten Rahmen zu bleiben und keine Verantwortung für sich tragen zu müssen. Als ich wieder depressiv wurde, beschloß man, mir zu helfen. »Einmal in der Woche eine 1,5 mg Imap-Spritze in den Arsch, und es wird schon wieder!« Es war rührend, wie gut die Menschen es doch meinten. Und tatsächlich: In der folgenden Zeit war ich so schläfrig und apathisch, daß ich gar nichts mehr machen konnte. Im Juni 1990 ging ich dann wieder zu meinen Eltern, die außer sich vor Freude waren (...ist natürlich ironisch gemeint). Also ein Happy-End und Friede, Freude, Eierkuchen? Ich befürchte, nein, denn das Mädchen ist chronisch depressiv und total neurotisch und ihre Familie kein bißchen normaler. Ganz so schwarz will ich aber doch nicht malen, denn seit dieser Zeit ist einiges passiert. Ich habe ein Praktikum im Büro gemacht und besuche seit April 1992 einen berufsvorbereitenden Lehrgang an einer Wirtschaftsschule. Dorthin gehe ich sehr gerne, weil auch Rücksicht auf die Probleme der einzelnen

Teilnehmer genommen wird. Dazu kommen regelmäßige Gespräche. Ich habe wirklich das Gefühl, gut aufgehoben zu sein und auch Fortschritte in der Therapie zu machen. Auch mein Verhältnis zu meinen Eltern und anderen Leuten hat sich verbessert. Ich habe zwar noch einige »Macken«, aber ich hoffe, daß andere und ich selber damit klarkommen können. Ich war noch zweimal im Krankenhaus, jedoch nur einige Wochen als »Stütze«. Ich bin sehr froh, daß ich bis auf diese »Krisen«, in denen ich Hilfe brauchte, wieder alleine klarkomme.

Barbara, 25

Zurück nach Hause?

Als ich zwölf war, starb mein Vater. Ich kam nicht über seinen Tod hinweg und blieb in meiner Entwicklung stehen: Ich blieb wie ein Zwölfjähriger. Als ich dann allein mit meiner Mutter war, bekamen wir immer Streit. Das wurde so schlimm, daß ich aus unserer Wohnung in der 4. Etage springen wollte. Daraufhin kam ich mit fünfzehn in die Kinder- und Jugendpsychiatrie.

Während meines gesamten Aufenthalts war ich mir immer sicher, später wieder nach Hause zu meiner Mutter zurückzugehen. Bei den vielen Urlauben zu Hause habe ich aber gemerkt, daß das doch nicht das richtige wäre. Schweren Herzens habe ich mich dann entschlossen, in eine betreute Jugendwohngemeinschaft zu ziehen.

Nach zweieinhalb Jahren wurde ich schließlich aus der Kinder- und Jugendpsychiatrie entlassen und bekam einen Platz in einer Wohngemeinschaft. Hier fühlte ich mich recht wohl und bin sicher, daß das Zusammenleben mit Gleichaltrigen und die Betreuung mir weitergeholfen haben. Ich machte meinen Führerschein und habe mittlerweile einen kleinen Wagen. Meine Mutter besuche ich regelmäßig. Wir verstehen uns jetzt besser und unternehmen viel zusammen.

Im Oktober 1993 ging ich ins »Betreute Wohnen«. Das heißt, ich habe zusammen mit einem Freund eine eigene Wohnung bekommen. Wir erledigen alles selbst: einkaufen, kochen, putzen, waschen und so weiter. Nur einmal in der Woche kommt unser Betreuer vorbei, um nach dem Rechten zu schauen. Allerdings habe ich Probleme mit meinem Mitbewohner, der vor fünf Monaten seine Ausbildung abgebrochen hat und seitdem zu Hause rumgammelt. Ich selbst bin im 2. Lehrjahr als Elektroinstallateur. Mit der Praxis klappt's ganz gut, aber die Berufsschule ist ein harter Brocken für mich. Aber ich hoffe, daß ich meine Ausbildung trotzdem schaffe.

Sascha, 19

Mein Weg nach draussen

Die ersten Tage des Klinikaufenthaltes sind mir nicht mehr in Erinnerung; ich glaube, man will es nicht wahrhaben, daß man dort gelandet ist, was andere nur als Klapsmühle oder Nervenheilanstalt bezeichnen. Was für Leute begeben sich schon freiwillig in die Isolation. Man kann z.B. bei akuter Gefährdung damit rechnen, daß man Tage und Wochen nicht nach »draußen« darf.

Anfangs, unter eine hohe Dosis an Psychopharmaka gestellt, bekomme ich sehr wenig mit und habe ein großes Bedürfnis nach Schlaf. Nach einer Zeit des Schlafens und einer Zeit in stark verwirrtem Zustand kommt langsam mein klarer Verstand wieder. Was ist los, mir geht es wieder gut, und ich will nach Hause, aber ich darf nicht, ich bin eingesperrt, alle Türen sind verschlossen, nach draußen darf ich nur in Begleitung von Mitarbeitern oder mit Besuch. Ein schreckliches Gefühl, hinter einer verschlossenen Tür zu sitzen, ganz allein, weg von zu Hause, dem Bruder, den Großeltern und Freunden. Briefe, die anfangs in großer Zahl eintreffen, machen mich sehr traurig. Die anderen berichten von Sachen, an denen ich nicht teilhaben kann. Noch begreife ich nicht, wie der Weg nach draußen aussieht.

Therapie, was ist das, so frage ich mich. Ich weiß überhaupt nicht, was ich bei einem Therapeuten soll. So beschließe ich also, irgend etwas zu erzählen, um mich so schnell wie möglich aus dieser beklemmenden Situation zu befreien. Es funktioniert, ich mache das Spielchen eine ganze Zeit mit. Nur, es bringt mir absolut nichts. Meine Probleme bleiben ungelöst, mein Zustand unverändert. Erst ganz allmählich kann ich mich auf eine Therapie einlassen. Ich merke, wie erleichtert ich nach diesen Gesprächen bin. Mir wird vieles klarer, und ich fühle mich plötzlich nicht mehr so hilflos und allein. Jetzt gehe ich sogar fünfmal die Woche zur Therapie. Diese Gespräche sind natürlich keine oberflächliche Unterhaltung. Sie wühlen viele Dinge auf. Mehr und mehr gelingt es mir, mich zu öffnen. Ich nehme die mir angebotene Hilfe an. Mir wird klar, daß ich bisher nicht besonders gut mit mir umgegangen bin. Immer habe ich die Grenzen meiner Belastbarkeit überschritten. Für alle wollte ich da sein, ihnen Gutes tun und helfen. Aber wo blieb ich dabei? Durch die Therapie weiß ich endlich, was ich mir zumuten kann, und wo ich verzichten muß. Ich lerne, auch NEIN zu sagen.

Unsicher, ob das, was ich mache, mich auch nicht überfordert, lerne ich, die Erwartungen und Ziele zunächst niedrig anzusetzen und bei Stabilität langsam zu steigern, mich trotzdem nicht abzukapseln und auf vieles zu verzichten – so habe ich es langsam geschafft, anfangs durch regelmäßige Therapie und eine unterstützende Medikation. Heute lebe ich ohne Therapie, ohne Psychopharmaka, und ich führe ein bewußtes, aktives Leben, achte aber darauf, was und wieviel ich mir zumuten kann. Ich glaube, ich habe meinen Weg gefunden. Nach Innen horchen und auf sich vertrauen, das sind meine wichtigsten Grundsätze.

Die Zeit in der Klinik brachte für mich wertvolle Erfahrungen. Sie hat mich schneller geistig und emotional reifen lassen. Bei vielen Jugendlichen in meinem Alter erkenne ich eine Überforderung und Hilflosigkeit. Sie sind viel zu früh auf sich gestellt, nach dem Motto: Kämpfe, oder du wirst untergehen. Mit der »großen Freiheit« können sie nicht umgehen. Ich wünschte, sie hätten so gute Freunde, wie ich sie in der Kinder- und Jugendpsychiatrie gefunden habe.

Diese Freunde sind zu wertvollen Begleitern meines Lebensweges geworden. Sie kennen einen Teil von mir, den sonst keiner kennt und kennenlernen kann. Sie haben in meiner schwierigsten Zeit zu mir gehalten, mit mir geredet, geweint, sind mit mir wütend gewesen, haben mit mir gelacht und sich über kleine Fortschritte mit mir gefreut. Und sie sind immer noch meine Freunde.

Christiane, 21

Und immer laufe ich weg – eine, die es nicht geschafft hat

Ich hatte von der Psychiatrie die Schnauze voll und wollte nur noch weg, irgendwohin. Ich fühlte mich eingesperrt und unverstanden. Da die Ärzte und Erzieher mich noch eine Zeit dabehalten wollten, versuchte ich es mit Ausreißen. Leider hatte ich immer das Pech, wieder aufgegabelt zu werden. Irgendwann habe ich es dann erreicht: Man hat mich entlassen.

Endlich war ich draußen, ich war wieder frei, welch ein Gefühl! Allerdings fingen meine Probleme wieder an. Ich lief nun von zu Hause weg, um ein oder zwei Wochen meine Eltern nicht sehen zu müssen. Damit wurde ich für meine Eltern unerträglich. Sie wollten mich rausschmeißen, und so zog ich zu meiner Oma. Da sie auch nicht mit mir fertig wurde, mußte ich ins Heim. Zuerst war es ja ganz lustig, etwas Neues kennenzulernen, aber dann merkte ich erst, wie hart das Leben im Heim ist. Die Erzieher im Heim sind das Gegenteil von denen in der Klinik. Man wird praktisch rumkommandiert und muß das tun, was sie wollen. Als ich es dort nicht mehr aushielt, packte ich wieder meine Tasche, riß aus und schlüpfte irgendwo unter. Meine Eltern konnten diesen Zustand nicht aushalten. Gequält von Vorwürfen, holten sie mich wieder zu sich. Aber unsere Beziehung wurde immer komplizierter. Weil ich mich unverstanden fühlte, nervte ich nur noch, und sie terrorisierten mich. Ich war froh, daß ich so viele Freunde hatte, die mir halfen.

Mir war klar, daß ich mein Leben jetzt allein in die Hand nehmen mußte. Leider ging es nur drunter und drüber. Ich fing an, Drogen zu nehmen, um einfach alles zu verdrängen. Zuerst habe ich nur mit ein paar Freunden Joints geraucht, aber, wie so oft, blieb es nicht dabei. Es kamen noch härtere Drogen dazu. Ich wollte einfach alles ausprobieren. Da ich einen Drogendealer kannte, war es für mich kein Problem, an das Zeug ranzukommen. Da ich es aber mit der Angst zu tun bekam, hörte ich zum Glück schnell wieder damit auf.

Ich zog durch die Gegend wie eine Zigeunerin. Ab und zu war ich auch wieder mal zu Hause. Da bekam ich mit, daß die Beziehung zwischen meinen Eltern immer komplizierter wurde. Mein Vater war immer weniger zu Hause. Meine Mutter litt darunter. Ich hatte eine Vermutung, die meinen Vater anging: Eine andere Frau. Doch ich hatte genug mit mir zu tun, deshalb habe ich die Probleme meiner Eltern wieder ganz schnell verdrängt. Als ich wieder einmal irgendwo untergeschlüpft war, rief eines Tages meine Mutter an. Völlig außer sich, erzählte sie mir, daß mein Vater sich von uns trennen wolle. Obwohl sich mein Vater wenig um mich gekümmert hat, ging mir diese Nachricht sehr nahe. Für meine Mutter war es ein großer Schock. Erst die Probleme mit ihrer einzigen Tochter, dann auch noch vom Mann verlassen. Wie sollte sie das verkraften? Meine Mutter tat mir wirklich sehr leid. Wie sollte es nun weitergehen? Viele Fragen schwirrten durch meinen Kopf. Was sollte ich machen, und wie sollte ich mit diesem Problem umgehen? Meine Mutter fragte mich, ob ich damit einverstanden wäre, daß sie um meinen Vater weiterkämpfte. Unter Tränen bejahte ich die Frage. Meine Mutter und ich waren einem Nervenzusammenbruch nahe. Ich liebte meine Eltern und hätte mir nichts sehnlicher gewünscht, als sie wieder zusammen zu sehen. Ich fühlte mich meiner Mutter gegenüber verantwortlich. Meine Mutter sagte mir, sie müsse mich jetzt etwas vernachlässigen, damit sie sich mehr um meinen Vater kümmern könne. Sie hatte mich sogar sehr vernachlässigt, aber hat sie das nicht schon immer getan? Immer hatte ich das Gefühl, eine zu große Belastung für meine Mutter zu sein. Ich verstehe sie ja, schließlich hat sie sehr viel mit sich selbst zu tun. Bloß, ich wurde einfach nicht mit dieser Situation fertig...

So ist es noch heute. Ich bin immer noch auf der Suche nach einem wirklichen Zuhause, nach Verständnis, Ruhe und Frieden. Nirgends halte ich es länger aus. Arbeitsstellen und Jobs wechsle ich genauso oft wie meine Unterkünfte. Was mir der Aufenthalt in der Kinder- und Jugendpsychiatrie letztendlich gebracht hat? Ich weiß es nicht!

Monika, 18

Nachruf

Es ist die Zeit die Suche aufzugeben.
Der Weg war steinig,
Die Füße bluten,
Mein Stolz ist längst gebrochen.
Mein Leben war ein Acker
Ohne Hoffnung.
Der Pfad ist markiert von den
bleichen stummen Zeugen,
derer, die den Weg vor mir beschritten haben.

Goethes Erben

Dieser Text ist eine Art Nachruf für ein Mädchen, das lange Zeit in unserer Mitte war, und uns jetzt für immer verlassen hat.

Ihr Name war Julia.

Sie war mit mehr oder weniger großen Abständen für ungefähr drei Jahre in der Kinder- und Jugendpsychiatrie der Rheinischen Landesklinik Düsseldorf.

Julia war ein sehr ruhiges und sensibles Mädchen, das ein tiefes Verständnis für Kunst hatte. Ihre Lieblingskünstler waren Max Ernst und die Dichter Rainer Maria Rilke, Hermann Hesse und Johann Wolfgang von Goethe. In der Musik gefielen ihr unter anderem die Texte von Goethes Erben. Alle Werke, die sie faszinierten, hatten einen gemeinsamen Aspekt; sie handelten von Verlusten, den intellektuellen Einsichten, die man daraus gewinnt und von Hoffnungen und Sehnsüchten, die sich scheinbar nicht erfüllen. Sie machte sich oft Gedanken über das Leben, und welchen Sinn es hat. Letztendlich kam sie zu dem Schluß, daß man wohl doch geboren wird, um zu sterben. Im Alter von dreizehn Jahren wurde ihre Krankheit offensichtlich und begleitete sie bis zu ihrem Tod. Obwohl es ihr oberflächlich zeitweise besser ging, konnte sie sich von ihrer Todessehnsucht nie ganz befreien. Julia hat mehrmals versucht, sich das Leben zu nehmen, um diese für sie »kalte« Welt zu verlassen.

Nach ihrem Aufenthalt in der Kinder- und Jugendpsychiatrie glaubte Julia fest daran, daß es ihr besser gehe, und sie verbrachte ein Jahr ohne Therapie in einer WG. Während dieser Zeit bekam sie langsam einen Rückfall, der so schwerwiegend war, daß sie sich zum ersten Mal in ihrem Leben freiwillig für eine Therapie entschied. Diese begann sie mit sehr viel Hoffnung und Zuversicht in einem anderen Krankenhaus. Doch ihre Angst und Verzweiflung wuchsen ins Grenzenlose. In ihren letzten Wochen sagte sie oft: »Ich werde wahnsinnig – oder ist das schon der Wahn?« Sie beschrieb, daß sie sich von Gefühlen so weit entfernt hatte, daß sie nicht einmal mehr die Zuneigung ihrer Freunde spüren konnte.

Julia lebte in einer unermeßlichen Einsamkeit.

Am Rosenmontag diesen Jahres beendete sie ihr qualvolles Dasein. Sie wurde nur neunzehn Jahre alt. Das Leben hatte ihr keine faire Chance gegeben. Es war zu kurz, um zu sterben und zu lang, um zu leiden.

Pamela und Annette, beide 19

Wie ich die Zeit in der Klinik erlebte

Die Zeit in der Klinik war für mich schwer. Wenn ich anderes sagen würde, müßte ich lügen. Sie war aber nicht die schwerste. Schwerer sicherlich war die Zeit vor meinem Klinikaufenthalt, wo ich mich mehr tot als lebendig, nicht gefühlt, sondern verhalten habe. In den dreieinhalb Jahren des Klinikaufenthaltes lernte ich mich kennen, ich lernte mir einzugestehen, daß ich Probleme hatte und daß ich ein Problem mit mir hatte. Ich bin im Grunde dankbar für die Zeit, heute, im nachhinein.

In der Situation selbst fühlte ich mich oft wie im Knast; Strukturen, Regeln, wenig Freiheit, immer Seelenmüll sortieren, reden, die drückende Atmosphäre ertragen, Medikamente schlucken, ständig Menschen um mich rum. Doch hatte ich zum ersten Mal in meinem Leben das Gefühl, keine Show abziehen zu müssen, sondern mich fallen lassen zu können. Es war schwer, ein Maß zu finden, ich schwankte immer von einem Extrem ins andere, dazwischen gab es nichts. Da waren zum Glück Pädagogen, Ärzte und Therapeuten, mit denen ich reden konnte, die mir zuhörten, mich ernst nahmen, manchmal vielleicht sogar zu ernst. In der Zeit, in der ich an mir verzweifelte, nicht mehr leben wollte, mich dreckig fühlte wie eine Prostituierte, in der ich Angst hatte, Stimmen hörte, in der alles erst einmal zusammenstürzte, waren Menschen da, die mir Schutz boten, einen Schonraum, um das Überleben zu lernen.

Schwierig war der Kontakt zur Außenwelt, oft haben die Menschen ja ein anderes Bild von uns Patienten. Doch sollte man sich vor Augen halten, daß es jedem Menschen ganz schnell auch mal so gehen kann.

Bianca, 21

Man darf nur nicht aufgeben

Als ich gerade dreizehn Jahre geworden war, habe ich versucht, mir mit Tabletten das Leben zu nehmen. Der Hauptgrund war, daß ich den extremen Leistungsdruck, den mein Vater auf mich ausübte, nicht mehr aushielt. Heute (mehr als zehn Jahre später) denke ich oft, daß ich durch den Verlauf meines Lebens bis zu diesem Zeitpunkt zu dieser Entscheidung kommen mußte. Aber alles hatte sein Gutes: Durch diesen »Hilferuf« wurde ich stationär in die Kinder- und Jugendpsychiatrie in Düsseldorf aufgenommen.

Dieses Jahr zählt, obwohl es ein sehr problemreiches und schwieriges Jahr war, zu einem der schönsten und wichtigsten meines Lebens. Es war eine erfahrungs- und lehrreiche Zeit für mich, die mich nachhaltig geprägt hat. Sicherlich habe ich unter anderem auch deshalb später den Erzieherberuf erlernt, weil ich Kindern diese Atmosphäre der Geborgenheit und des Verständnisses geben wollte, wie ich sie damals in der Kinder- und Jugendpsychiatrie erleben durfte. Meiner Meinung nach ist sie für die Entwicklung des Charakters eines Kindes maßgeblich und sollte eigentlich im Elternhaus gegeben sein!

Ich habe in diesem Jahr in einem wahnsinnigen Tempo eine Entwicklung gemacht und Dinge über mich gelernt, die man »normalerweise« (Ich verabscheue dieses Wort! Wenn das, was mehr als fünfzig Prozent in dieser Gesellschaft machen, der Norm entspricht, also »normal« ist, dann will ich keinesfalls »normal« sein!) in etlichen Jahren erlebt und lernt. Manche Menschen lernen nie so viel über sich und andere wie ich in diesem Jahr!

Durch die damaligen Lebensumstände erhielt ich ein großes Vertrauen in meine Fähigkeiten und eine gehörige Portion

Selbstbewußtsein. Außerdem lernte ich, Kritik anzunehmen und an mir zu arbeiten. Das war manchmal ganz schön hart, und ich habe oft an mir gezweifelt. Die damaligen Betreuungskräfte halfen mir dabei sehr. Sie verschafften mir den nötigen Mut und die Einsicht, indem sie sich auf mich und meine Persönlichkeit einstellten und mich – je nach Fähigkeiten – selber gewähren ließen oder halfen, wenn es nötig war. Ich fühle mich deshalb auch heute noch mit der Klinik und vielen Personen, die ich dort kennengelernt habe, gefühlsmäßig stark verbunden.

Dieses war aber auch ein großer Nachteil, denn nach der Entlassung mußte ich auf einmal wieder in der alten Umgebung und mit der »normalen« Gesellschaft leben, die nicht so verständnisvoll auf mich einging. Ich wurde einfach ins kalte Wasser geworfen, ohne daß jemand nachgeschwommen wäre. Das war hart!

Eine weitere Schwierigkeit bestand für mich nach meiner Entlassung darin, mich an die »normale« Lebenssituation einer Vierzehnjährigen zu gewöhnen. Schließlich hatte ich ein Jahr, mehr oder weniger auf mich selbst gestellt, fern von zu Hause verbracht und war dort nur mit älteren Jugendlichen und Erwachsenen zusammen gewesen. Dadurch hatte ich mir deren Auffassungen, Ansichten und teilweise auch deren Interessen angeeignet. Damit meine ich zum Beispiel: Im Gegensatz zu meinen neuen Klassenkameraden, die sich für Jungen überhaupt noch nicht interessierten, sich nicht schminkten und an Wochenenden noch brav zu Hause blieben, hatte ich bald einen festen Freund und ging am Wochenende gestylt in die Disco. Ich hatte auch schon recht gefestigte Ansichten; kurz: ich war einfach frühreif. Das kam vermutlich daher, daß ich mich während meines Klinikaufenthaltes sehr stark mit mir und meiner Beziehung zu anderen Menschen auseinandersetzen mußte. Weil ich nicht als Außenseiter in meiner Klasse dastehen wollte, löste ich dieses Problem, indem ich eine Art Doppelleben führte: morgens ging ich gekleidet wie alle andern »normal« zur Schule. Nachmittags und vor allem am Wochenende war ich mit meiner Clique zusammen, die ich durch eine Mitpatientin kennengelernt hatte. Die Leute dort waren fast alle über zwanzig und irgendwie schon erwachsen. Sie akzeptierten mich voll als eine von ihnen, hier brauchte ich keine Maske aufzusetzen. Hier fühlte ich mich zu Hause. Ich rauchte, trank Alkohol, schminkte mich und zog am Wochenende meine flippigsten Klamotten an und fuhr in Diskotheken (in die ich eigentlich noch gar nicht hineindurfte!). Wir machten oft die Nacht bis zum nächsten Morgen durch, hatten häufig Feten, auf denen viel Alkohol floß. Hier fand ich den Ausgleich zu dem Scheidungskrieg meiner Eltern.

Dieser zog sich über vier Jahre hin und überforderte mich psychisch total. Ich stellte unfreiwillig die einzige Verbindung zwischen meinen Eltern dar, die sich auf die schmutzigste Art und Weise bekämpften, die man sich vorstellen kann. Leider verlor ich aber in dieser Zeit mehr und mehr den Kontakt zu dieser Clique, als ich mit meinem Freund Schluß machte, der zu ihr gehörte. In der neunten Klasse blieb ich unter anderem auch deswegen sitzen und wechselte zur Realschule, in der ich aber überhaupt nicht klarkam. Schon zu dieser Zeit trank ich auch heimlich Alkohol und nahm gelegentlich zusätzlich Tabletten.

Nachdem ich die Realschule abgeschlossen und im zweiten Jahr meiner Erzieherausbildung war, wurde ich schwanger und verlor das Kind, das keiner außer mir gewollt hatte. Ich konnte mit Kindern nicht mehr arbeiten, weil ich mit dem Verlust meines eigenen nicht fertig wurde und mußte die Erzieherausbildung schließlich aufgeben. Damit gab ich aber auch mein großes Ziel, für das ich immer gearbeitet und gekämpft hatte, auf. Das war ein großer Einschnitt, ich mußte mich völlig neu orientieren. Ich trank in dieser Zeit exzessiv, nahm Unmengen von Tabletten zu mir und später sogar illegale Drogen bis zum Heroin. Ein guter Freund half mir dann schließlich wieder auf die Beine, indem er mein Selbstbewußtsein soweit aufbaute, daß ich später die Kraft fand, eine kaufmännische Ausbildung zu beginnen und etwas gegen meine »Kombi-Abhängigkeit« zu unternehmen.

Heute lebe ich äußerlich eigentlich das typisch »normale« Leben: Ich bin Hausfrau und Mutter, habe eine fast zweijährige Tochter, die ich über alles liebe, und ihr Vater geht arbeiten und verdient unseren Lebensunterhalt. Sie soll die Liebe und Geborgenheit eines intakten Elternhauses erfahren, um zu einem zufriedenen Menschen heranzuwachsen. Aber darüber hinaus vergesse ich auch mich und meine Ziele und Träume nicht. Seit einem Jahr besuche ich die Abendschule, mache dort mein Abitur nach, um anschließend zu studieren (wahrscheinlich doch noch etwas Pädagogisches). Aber ich habe mir vorgenommen, meine Tochter nicht darunter leiden zu lassen. Sie geht immer vor, auch wenn Schule und Haushalt deswegen zu kurz kommen, weil ich kürzer treten muß. Na und, dann brauche ich eben länger; aber ich werde mein Ziel schon erreichen, wenn auch über etliche Umwege.

Wegen meiner Alkohol-, Medikamenten- und Drogenabhängigkeit habe ich regelmäßige Gespräche bei einem Sozialarbeiter der Caritas, außerdem besuche ich eine Kreuzbundgruppe für Abhängige und deren Angehörige. Ich werde es schon schaffen, ein rundum zufriedener Mensch zu werden, man darf nur nicht aufgeben!

Melle, 21

Ich wusste nicht, wie es weitergehen sollte

Als ich vor ca. drei Jahren diesen Artikel »Wenn die Seele überläuft« über mich schrieb, konnte ich nicht mehr tun, als meine Symptome darzustellen.

Heute möchte ich diesen Artikel als eine Art Fortsetzung schreiben, um zu zeigen, wie das Leben nach einem Psychiatrieaufenthalt in der Kinder- und Jugendpsychiatrie weitergehen kann.

Der Vollständigkeit halber muß ich sagen, daß ich keineswegs als geheilt entlassen wurde. Ich wurde im Mai 1993 wegen eines »Fehlers« rausgeschmissen. Ich befand mich in einer schweren Krise. Es ging mir schlechter als jemals zuvor. Zuerst dachte ich, daß mein Leben jetzt endgültig vorbei sei, weil die Klinik damals meine letzte Hoffnung war. Ich wußte nicht, wie es weitergehen sollte. Aber aufgrund meiner miserablen Verfassung bekam ich sofort einen ambulanten Therapieplatz, wovon man sonst nur träumen kann, weil alle Therapeuten überlastet sind. Die durchschnittliche Wartezeit beläuft sich auf sechs Monate.

Das erste Mal in meinem Leben bekam ich einen Mann als Therapeuten. Mein erster Gedanke war, das kann ja wohl nicht wahr sein. Er personifizierte alles, wogegen ich eine tiefe Abneigung hegte. Er war ein Mann, und er war Psychologe. Bisher hatten die vielen Therapien mir nie etwas gebracht. Es war einfach nur ein endloses Frage- und Antwortspiel ohne Resultat. Aber bald kam ich darauf, warum es so war. Ich stand immer auf dem Standpunkt, die anderen müssen etwas für mich tun. Die anderen müssen mir helfen. Und er machte mir direkt am Anfang schon klar, daß es so nicht funktionieren kann. Er sagte, daß 95% der Arbeit der Patient machen muß, und er hatte recht. Niemand konnte mich gesund zaubern. Niemand konnte für mich über die Hürden springen, die das Leben und meine Krankheit vor mir aufbauten. Das konnte ich nur selber tun, und ich versuchte es.

Das erste Ziel, das wir hatten, war, mich wieder aufzupäppeln. Ich litt unter anderem an einer sehr komplizierten Eßstörung, die mich daran hinderte, zu essen. Zu Beginn dieser Therapie wog ich nur noch knapp 40 Kilo bei einer Größe von 1,72 m. Wir sammelten alle Faktoren, die es mir erschwerten zu essen. Das waren z.B. Menschen, die mir dabei zusahen und geschlossene Räume. Das bedeutete für mich, daß ich damit begann, im Garten alleine zu essen. Ich war draußen, konnte hingehen, wohin ich wollte, keine Mauern, die mich einengten, und niemand, der mich beobachtete. Und es klappte. Ich aß zwar nicht viel, aber ich aß. Die nächste Stufe war dann, in meinem Zimmer zu essen. Danach in unserer Küche und zuletzt mit meiner Familie zusammen.

Weitaus schwieriger war mein Entzug. Ich bin in der Klinik dermaßen mit Psychopharmaka vollgepumpt worden, daß ich seelisch und körperlich davon abhängig war. Es dauerte ein dreiviertel Jahr, bis man die Medikamente ganz abgesetzt hatte. Unter dieser seelischen Abhängigkeit leide ich noch heute.

Ich kann heute nicht behaupten, daß ich »gesund« bin. Aber es geht mir sehr gut, und ich habe das Gefühl, ein neuer Mensch zu sein. Einerseits frage ich mich, warum ich das alles durchmachen mußte, aber andererseits bin ich auch dankbar dafür, weil ich dadurch sehr viel gelernt habe, auch über mich. Ich weiß erst jetzt nach all dem, was ich mit meinem Leben anfangen möchte. Ich werde mein Abitur machen und danach Psychologie studieren. Ich möchte das für andere Menschen tun, was mein Therapeut für mich getan hat.

Pamela, 19

Brief an meine Lehrerin

Liebe Marie-Luise,

mir geht es nicht gut. Heute habe ich eine Spritze und ein Medikament bekommen gegen meine Ängste. Na, Mäuschen was haben wir denn? War am Montag bei der Ärztin. Es steht noch nicht fest, ob ich zur Therapie übernommen werde. Aus dem Familienessen ist nichts geworden. Ich komme nach Hause. Obwohl ich es mir vorgenommen hatte, habe ich ihm nicht gratuliert. Abend. Tragödie. Mama macht ihrem Sohn Vorwürfe, Sohn ist beleidigt, knallt die Tür, setzt sich ins Auto und fährt davon. Papa muß es ausbaden, warum redet er nicht von »Mann zu Mann« mit ihm. Hier geht jeder seine eigenen Wege. Laß ihn doch sein Butterbrot essen. Hoffentlich fährt er nicht gegen einen Baum, sagt Mama. Habe mich so gefreut, sagt die Tochter. Mama, Papa und Tochter haben ein schlechtes Gewissen. Papa sagt: »Wir gehen alleine«, aber Tochter sagt: »Wie sollen wir feiern ohne das Geburtstagskind?« Mama kann nicht mehr lange so weiterleben, sagt sie. Armer Papa, er ist so traurig. Ist doch kein Weltuntergang, sagt die Tochter und möchte am liebsten weinen.

Ich schreibe nur Unsinn, ich weiß. Seit Ewigkeiten habe ich mich nicht mehr so geborgen gefühlt. Gefühlsduselei. Ja, das Leben hat auch seine schönen Seiten. Man muß nur jemanden haben, der sie einem zeigt. Ich kann mich verkriechen. Warm und weich. Ich warte darauf, daß du mir sagst, was ich tun soll, denkt sie. Wie soll es nur weitergehen? Ich habe jetzt Einzel- und Musiktherapie. Das macht mir großen Spaß. Besonders gerne spiele ich Xylophon und Klavier. Auf der Station gefällt es mir gut. Manchmal rede ich sogar ein paar Worte mit jemandem oder unternehme etwas. In der Schule läuft alles bestens. Wenn alles gut geht, bin ich vielleicht in einigen Jahren lebensfähig.

Ich sehe gerade, daß ich eine schlechte Handschrift bekommen habe. Ich werde mich bemühen, ordentlicher zu schreiben. Manchmal wünsche ich mir, mein Leben noch einmal von vorn beginnen zu können und niemals älter zu werden. Ich habe Angst vor der Zukunft. Während ich schreibe, liege ich im Garten und genieße die Sonnenstrahlen, die mein Antlitz streicheln und verschmoren, und die kleinen Käfer und Ameisen, die auf mir rumkrabbeln. Ein herrlicher Sonntag. Ich habe gerade ein vierblättriges Kleeblatt gefunden. Michael hat mich besucht. Hoffentlich denkt er nicht, daß er gegen eine Wand redet, weil ich mich immer von ihm abwende. Aber ich glaube, er versteht mich, es würde mich interessieren, wie lange ich noch mit diesem Syndrom rumlaufen muß. Es steht fest, daß ich zur Zeit nicht in die Psychotherapie gehen kann, weil ich kaum mit der Ärztin geredet habe. Am Freitagabend ist Michael gegangen, ohne ein Wort zu sagen. Ich glaube, ich habe ihn beleidigt. Aber am Sonntag ist er wiedergekommen. Gottseidank, ich dachte, er redet nie mehr mit mir. Am Montag ist er entlassen worden.

Heute habe ich mit einer Schwester einen Aktivitätsplan aufgestellt (Küchendienst, Schwimmen, Sozialtraining, Gesprächsgruppe, Autogenes Training, Beschäftigungstherapie, Gymnastik, Kulturnachmittag). Zur Zeit teile ich mein Schlafgemach mit einer manischen »Frau«. Heute hat sie mir bei der Gruppenvisite vorgeworfen, ich hätte keinen Sinn für Ästhetik, weil ich den Klodeckel nie runterklappe und »exzentrische« Musik höre. Dieser Drachen hat die ästhetische Figur eines Nilpferdes und den Charme einer Klobürste. Sie raubt mir jede Nacht den Schlaf, wenn sie das Zimmer aufräumt und zum x-ten Mal ihr blütenweißes Laken glattstreicht. Natürlich werde ich in Zukunft alles in meiner Macht Stehende tun, um ihre Mißgunst noch mehr zu erregen.

Gerade war ich in der Gesprächsgruppe. Der liebe Arzt las uns eine spannende Geschichte vom kleinen Prinzen vor, worauf eine erregte Diskussion entbrannte. Die gepflegte kleine Dame vermißt die Freundlichkeit der Tante-Emma-Läden, der vermeintliche charmante sympathische Junge rechts neben mir entpuppt sich als Macho. Die herb-herzliche Seniorin sagt offen ihre Meinung und behauptet, sie hätte niemals Aggressionen, und man glaubt es ihr aufs Wort, denn selbst, wenn sie das Boykottieren der Musiktherapie vorschlägt, trägt sie ein Lächeln auf den Lippen. Mir schlafen derweil die Füße ein, und die Arme tun mir weh, weil ich krampfhaft mein Gesicht verstecke (zu viel Mimik, zu wenig Schönheit). So wirft man sich die Bälle zu, bis der Arzt seine Audienz mit den Worten: »Wir haben viel gelernt aus dieser Stunde« beschließt. Allgemeine Zustimmung, brennendes Interesse an weiteren Vorlesungen des Maestros. Letzte Woche habe ich eine Belgrader Mandeltorte gebacken, die auf eine solche Begeisterung stieß, daß ich von nun an die Ehre habe, jede Woche die Bäuche mit diesem Gaumenschmaus zu erfreuen. Ja, wer kann denn da noch depressiv sein bei so viel Ablenkung, Arbeit und Anerkennung!!! Man ist voll des geheuchelten Lobes, um das geringe Selbstwertgefühl aufzubauen. Ich schlage bescheiden und verlegen die Augen nieder und setze mein sympathischstes Lächeln auf. So häßlich bin ich auch wieder nicht, und wenn ich meinen Luxuskörper pflege, bin ich in fünf Jahren eine sehr attraktive Frau. Also nicht umbringen, aus dir kann doch noch etwas werden, vielleicht sogar die erotische Traumfrau für Millionen oder eine Künstlerin. Noch habe ich keinen Sex-Appeal, aber das kommt mit den Jahren.

Übrigens, hier im Gelände ist ein junger Mann, der hat mir von der ersten Sekunde an gefallen. Er ist im Haus 13. Das ist wirklich sehr selten, daß mir so etwas passiert. Ich würde mich gerne mit ihm unterhalten. Er hat etwas Faszinierendes an sich. Tatsächlich hat er mich schon angesprochen. Er hat mich gefragt, ob ich auch neu hier bin. Einmal habe ich ihn mit einer aufgetakelten Blondine am Ententeich gesehen. Die war bestimmt nicht sein Typ, aber sie ist wohl scharf auf ihn. Und für ein kleines Abenteuer ist sie ganz gut gebaut. Aber ihm glaubt man, daß er sein Herz verlieren kann. Er sitzt oft auf der Wiese oder geht spazieren. Ich bin ihm sogar schon nachgegangen. Verliebt bin ich nicht gerade in ihn, aber wie gesagt, er ist mir sehr sympathisch. Ich würde ihn gerne kennenlernen.

Übrigens versteht man hier unter einem »Kulturnachmittag«, in den neuen Otto-Film zu gehen oder einen Kaffee zu trinken.

Ja, von der Seele schreiben kann ich mir das alles, aber ich sollte die Kritik bei den Leuten hier anbringen. Aber dann ist mein Mund wie zugenagelt. Ich bin eben ein feiger Mensch.

Bin ich eigentlich von meinem Wahn geheilt?

Übrigens: Wer hat dem Arzt erzählt, daß ich »paranoide Ideen« äußerte, wie z. B. die Freundin von X. umbringen zu wollen, da ich ihn »abgöttisch« liebe? (Steht in meinem Krankenbericht.) Sind Phantasien und Aggressionen verboten? Ich habe alle guten Eigenschaften auf ihn übertragen und ihn als Idealmann ohne Fehler angesehen (also auch ohne Frau).

In der BT male ich viel. Anbei ein »Werk« von mir. Zur Erklärung: Der Knabe mit dem güldenen Haar ist mein Bruder, daneben mein Papa, die Gestalt im Gras bin ich mit meiner Katze, und darüber schwebt meine Mama. Rechts oben lächelt gequält die Sonne dazu. Ich gebe zu, die Züge meiner Mutter sind ein wenig verzerrt, die Farben des Knaben etwas zu leuchtend und das Gesicht des Mannes zu weich. Aber ist das satte Grün des Grases nicht prächtig?

Ich sollte eigentlich den ganzen Brief noch einmal abschreiben, weil ich so unordentlich geschrieben habe, aber ich bin zu faul. Ich höre lieber auf, bevor ich noch mehr Unsinn schreibe...

Barbara, 18

Nachwort

Mara, Michaela, Patrick und all die anderen Jugendlichen berichten eindringlich, was in ihrem Leben unerträglich geworden ist, krank gemacht und zu Verzweiflungstaten oder in eine Abhängigkeitsproblematik geführt hat. Es ist für uns Fachleute überraschend und erstaunlich, wie klar sie bestimmte Ereignisse benennen, die sie als Beginn einer fehlgelaufenen Entwicklung erlebt haben. Es sind Verlusterlebnisse, Enttäuschungen und Trennungserfahrungen, bei denen nicht genug Verständnis und Hilfe durch Erwachsene vorhanden war, die sie zwangen, vorher begangene Weg zu verlassen. »Auffällige« Verhaltensweisen signalisierten, daß eigene Lösungsversuche probiert wurden, scheiterten und in Bereiche permanenter Gefährdung (z.B. durch Drogen) führten.

Die Jugendlichen beschreiben, was sie bei ihrem Aufenthalt in der Kinder- und Jugendpsychiatrie als hilfreich erlebten, aber auch, was sie als negativ oder doch für ihre weitere Entwicklung als behindernd empfanden. Hilfreich war, daß sie dort Menschen vorfanden, die verständnisvoll zuhörten und mit denen man auch sonst reden konnte, in und außerhalb von Therapien. Die kinder- und jugendpsychiatrische Station bot eine günstige Atmosphäre, es sei dort »wie eine große Familie« gewesen, man habe Freunde finden können. Nach Zeiten krisenhafter Zuspitzung mit erhöhter Verletzbarkeit, zunehmender Ratlosigkeit und Einengung bot die Kinder- und Jugendpsychiatrie einen entlastenden Schutz- und Schonraum. Wenn allerdings der stationäre Aufenthalt zu lange dauerte und dadurch die Befähigung, eigenständig zu handeln, zu wenig Spielraum und Unterstützung bekam, wurde dies als Behinderung erlebt.

Als schwierig und spannungsgeladen betonen Jugendliche das Verhältnis von »Drinnen« (in der Klinik, auf dem »Gelände«) und »Draußen«. So war es nicht einfach, die Gründe dafür, daß man in der Jugendpsychiatrie war, anderen draußen zu vermitteln. Einige, denen man das erzählte, wandten sich ab. Freundschaften gingen auseinander. Hier wird erkennbar, daß ein Aufenthalt in der Psychiatrie immer noch »stigmatisierend« sein kann und die Wiedereingliederung draußen nach dem Klinikaufenthalt dadurch erschwert ist. Es ist zu hoffen, daß die Berichte in diesem Buch dazu beitragen, mehr Verständnis für die »Normalität« dieser Jugendlichen, die in Krisen geraten oder krank werden, herzustellen.

Die Kinder- und Jugendpsychiatrie wird aber auch selbst noch daran arbeiten müssen, daß Ausgrenzung und Abwertung von Jugendlichen, die zu ihrer Klientel werden, abnehmen. Hierzu muß sie sich aus ihren »klinischen Burgen« vermehrt in das direkte Lebensumfeld der Jugendlichen hineinbegeben und dort ihre Mitwirkung oder Behandlung ansiedeln, wo die Jugendlichen leben.

Die Jugendlichen, die hier berichten, haben es in einer Weise getan, die für uns im kinder- und jugendpsychiatrischen Bereich Tätigen sehr wertvoll ist. Aus Lehrbüchern sind wir gewohnt, daß Symptome, Störungen und Besonderheiten zu einer diagnostischen Benennung zusammengefügt werden. Wenn darin »Falldarstellungen« verwendet werden, so sind sie von ihrer Sprache und Beschreibung her durch die Fachautoren geprägt. Häufig werden sie inhaltlich in Richtung eines bestimmten Krankheitsbildes noch zurechtgestutzt.

Durch die eigene Darstellung der Jugendlichen mit ihrer Sprache, ihrer Direktheit und Offenheit wird der verstehende, lebensgeschichtliche Zugang erst möglich. Nach dem Lesen dieser klaren, lebhaften Darstellungen hatte ich den Wunsch, daß in Lehrbüchern der Kinder- und Jugendpsychiatrie künftig jeweils solche eigenen Berichte mitenthalten sein sollten. Die fachliche Distanz würde vermindert zugunsten einer direkten

Auseinandersetzung mit den Lebenswelten und -geschichten Jugendlicher, die besonders verletzbar und verstörbar auf gesellschaftliche und familiäre Abläufe reagieren.

Skizze der Kinder- und Jugendpsychiatrie

Die Kinder- und Jugendpsychiatrie ist ein junges medizinisches Fachgebiet. Eine eigene Facharztausbildung existiert erst seit 1968. Zur Kinder- und Jugendpsychiatrie gehören Kliniken, teilstätionäre Einrichtungen (Tageskliniken) und niedergelassene Fachärzte. In einigen Großstädten arbeiten darüber hinaus regional tätige kinder- und jugendpsychiatrische Dienste. Ärzte für Kinder- und Jugendpsychiatrie findet man auch in Jugendhilfeeinrichtungen, z.B. in Beratungsstellen und in Heimen.

Ähnlich wie andere, neue kleine Fachgebiete hat auch die Kinder- und Jugendpsychiatrie zunächst einmal die eigene Bedeutung betonen müssen, um wahrgenommen zu werden und einen respektierten Platz zugebilligt zu bekommen. Deshalb wurde als erstes eine (epidemiologische) Forschung betrieben, die anhand bestimmter Symptome und Störungen Kinder- und Jugendliche als »behandlungsbedürftig« definierte. Die Deutsche Gesellschaft für Kinder- und Jugendpsychiatrie hat hierzu folgende Zahlen zusammengestellt: »5-7 % psychisch auffällige Kinder und Jugendliche sind beratungs- und behandlungsbedürftig. Der Suizid ist nach dem Verkehrsunfall die zweithäufigste Todesursache bei Jugendlichen in der Bundesrepublik. Jährlich unternehmen etwa 15000 Jugendliche Suzidversuche. Etwa 5 % der Jugendlichen konsumieren regelmäßig Drogen (außer Nikotin und Alkohol). Gewaltbereitschaft, Verwahrlosung und Drogenmißbrauch der Jugendlichen sind eine öffentliche Sorge. Schulverweigerung, Lernleistungsstörungen, Angsterkrankungen, Depression, Zwänge, Pubertätsmagersucht (in der Adoleszenz zwischen 0,5 und 3 % der Mädchen), Entwicklungsstörungen im frühen Kindesalter und

Schulalter, Autismus (5000 bis 6000 in der Altersgruppe zwischen 4-15 Jahren) und schwerwiegende Unruhe- und Aufmerksamkeitsstörungen (2 % im Grundschulalter) sind nur einige weitere Beispiele, die das Spektrum psychischer Störungen kennzeichnen. Durch diese Störungen und Erkrankungen ist die Integration der Kinder in Familie, Kindergarten, Schule und berufliche Bildung gefährdet, und die Chronifizierung der Störung bringt, neben dem menschlichen Leid, auch hohe Kosten für unsere Gesellschaft mit sich. Sie stellen deshalb eine gesundheitspolitische Herausforderung dar.« (Pressevorlage zu der Situation der Kinder- und Jugendpsychiatrie, Bonn 13.06.94)

Diese Zahlen leiten nicht eine kritische Analyse der Lebenssituationen von Kinder und Jugendlichen in unserer Gesellschaft ein, sondern werden eher dazu benutzt, die Bedeutung des eigenen Fachgebietes zu unterstreichen und die Notwendigkeit zum Ausbau des kinder- und jugendpsychiatrischen Versorgungssystems zu untermauern. Nach Meinung des Ausschusses Kinder- und Jugendliche in der Deutschen Gesellschaft für Soziale Psychiatrie kann jedoch nicht der Ausbau oder die Erweiterung von Einrichtungen der Kinder- und Jugendpsychiatrie zur Verbesserung der Situation von Jugendlichen beitragen. Es gibt bereits sehr viele Fachleute und Spezialisten in den Einrichtungen der verschiedenen Fachbereiche von Jugendhilfe, Psychotherapie, Sozialpädiatrie usw., die sich alle um die Problemlagen, Krisen und Erkrankungen von Kindern, Jugendlichen und deren Familien kümmern. Im schlimmsten Fall konkurrieren sie miteinander oder schicken die Kinder und Jugendlichen von Spezialist zu Spezialist. Es ist anzunehmen, daß einige der Jugendlichen, die in diesem Buch berichten, im Vorspann ihrer Klinikaufnahme die verschiedenen Dienste und ambulant tätigen Fachleute kennengelernt haben. Dabei ist beides denkbar: Entweder waren die Krise oder die Erkrankung so intensiv, daß die ambulanten Hilfen nicht ausreichten oder aber, es fehlte an der Zusammenarbeit der vorhandenen Helfer. Es ist deshalb an erster Stelle zu fordern, daß die vorhandenen fachlichen Kräfte zusammengeführt, miteinander »vernetzt« werden.

Die Fachleute müssen umdenken. An erster Stelle steht nicht das eigene fachliche Angebot, sondern die Befähigung zur Zusammenarbeit. Es gilt, sich bei jedem und jeder Jugendlichen zu fragen: Wo und wie lebt er oder sie? Was für Hilfen werden gebraucht? Wer kann dies verantwortlich dort, wo er oder sie lebt, übernehmen? Mit welchem anderen Helfer wird er dabei kooperieren müssen?

So könnte für einen Jugendlichen der Sozialpädagoge in einer Beratungsstelle (oder einem regional tätigen Dienst) vor Ort zuständig sein. Gegebenenfalls veranlaßt er eine kinder- und jugendpsychiatrische Untersuchung bei einem Facharzt, beschließt mit dem Arzt gemeinsam die erforderlichen Hilfsmaßnahmen und koordiniert deren Umsetzung, z.B. die Vermittlung in eine von dem Kinder- und Jugendpsychiater betreute Wohngruppe. Während der gesamten Behandlungszeit bleibt der Sozialpädagoge aber der Ansprechpartner für den jugendlichen Klienten. Kinder- und jugendpsychiatrische Fachlichkeit ist da notwendig und sinnvoll, wo sie sich in ein Netz vorhandener Dienste und Hilfen integriert, wo sie Verantwortung mitübernimmt und insbesondere mit der Jugendhilfe kooperiert.

Wie wichtig es für die Fachbereiche ist, sich abzustimmen, möchte ich anhand eines Beispieles aus München darstellen. Anlaß für die Kooperation war die Erkenntnis, daß drogenabhängige und -gefährdete Jugendliche immer wieder durch das System der Hilfen hindurchfielen: So gab es für den schnellen klinischen Entzug zu wenig Plätze, auch die Einrichtungen der Jugendhilfe, z.B. Jugendwohngruppen, sonderten Jugendliche mit Drogenproblemen zu schnell aus und reichten sie an die Drogenhilfe weiter. Die Drogenhilfe selbst kümmerte sich vorwiegend um bereits Abhängige und weniger um drogengefährdete Jugendliche. Als endlich der Leiter des Jugendamtes, der

Chefarzt der kinder- und jugendpsychiatrischen Klinik und ein Beauftragter der Drogenhilfe zusammenkamen, wurde zunächst das Problem beschrieben, die gemeinsame Verantwortlichkeit erkannt und bestätigt, sodann die Zusammenarbeit geplant. Die Klinik stellt seither einige Behandlungsplätze zur Verfügung und öffnet sich somit der vorhandenen Drogenproblematik Jugendlicher. Die Jugendhilfe verbessert die Fortbildung der Mitarbeiter und übernimmt außerdem zusammen mit der Drogenhilfe die Planung und Umsetzung mehrerer Wohngruppen für drogengefährdete Jugendliche. Und die Drogenhilfe erhält die Mittel, um eine niederschwellige Krisenwohngruppe für drogenabhängige Jugendliche einrichten zu können.

Das Fachgebiet der Kinder- und Jugendpsychiatrie hat insbesondere dann seine Bedeutung, wenn es um die Erforschung und Behandlung von psychotischen Erkrankungen geht. Gerade im Jugend- und jungen Erwachsenenalter kann es zum ersten Mal zu einer solchen psychotischen Erfahrung kommen, die für die Jugendlichen und ihre Angehörigen sehr einschneidend ist. Es ist dann besonders wichtig, daß die Kinder- und Jugendpsychiatrie diese Familien berät, von Schuldvorwürfen oder Schuldgefühlen freispricht, intensiv darüber informiert, was Psychose ist, und eigene Möglichkeiten für die Familie aufzeigt, damit gelassener und hilfreicher umzugehen. Beispielsweise gehört dazu die Information über das Vulnerabilitätskonzept nach Ciompi genauso wie die Durchführung von Trainigsprogrammen für Angehörige (aber auch Mitarbeiter von betreuenden Einrichtungen). Kinder- und Jugendpsychiatrie kann dadurch verhindern helfen, daß psychotische Erkrankungen im Erwachsenenalter chronisch werden.

Im Stich gelassen werden, Gewalt und Sucht, das sind die krankmachenden Erfahrungen, über die diese Jugendlichen berichten, Erfahrungen, die nicht als individuelles Schicksal zu betrachten sind. Erfahrungen, die wir als Helfer nicht einfach hinnehmen und »behandeln« können.

Kinder- und Jugendpsychiatrie sollte künftig beides tun:

- politische Partner suchen und mit anderen Fachleuten zusammenarbeiten, um diese belastenden Lebensbedingungen von Jugendlichen in unserer Gesellschaft aufzuzeigen und zu verändern,
- mitwirken, daß Jugendliche, die solche Erfahrungen gemacht haben, Verständnis, Schutz und Zeit bekommen, sie zu verkraften und zu verarbeiten.

Wenn die Kinder und Jugendlichen nach Begleitung und Unterstützung durch die Kinder- und Jugendpsychiatrie wieder »gern leben« oder zumindest die Hoffnung entwickeln, dies in nicht allzu ferner Zukunft wieder zu tun, hat die Kinder- und Jugendpsychiatrie ihre Aufgabe erfüllt. Barbara, 18, formuliert es vorsichtig so: »Wenn alles gut geht, bin ich vielleicht in einigen Jahren lebensfähig.«

Dr. Hans-Jürgen Groebner

Glossar

Bulimie: Die Bulimie (Bulimia nervosa) ist durch wiederholte Anfälle von Heißhunger mit Eßattacken und einer übertriebenen Beschäftigung mit der Kontrolle des Körpergewichtes charakterisiert; wie die Magersucht betrifft diese Störung meistens heranwachsende Mädchen und junge Frauen. Typisch ist der Versuch, den dickmachenden Effekt der bei den Eßattacken zu sich genommenen großen Nahrungsmengen durch selbst herbeigeführtes Erbrechen oder Abführen, zeitweiliges Hungern oder Mißbrauch von Appetitzüglern zu verhindern. Durch das häufige Erbrechen mit Salzverlusten kann es zu Muskelkrämpfen und Entzündungen der Speiseröhre kommen; ansonsten ähneln Folgen und Behandlungsmethoden denen der Magersucht (s. dort).

Magersucht: Die Magersucht (Anorexia nervosa) ist durch einen absichtlich selbst herbeigeführten und/oder aufrechtgehaltenen Gewichtsverlust gekennzeichnet; am häufigsten ist diese Störung bei heranwachsenden Mädchen und jungen Frauen. Neben dem Gewichtsverlust sind typische Verhaltensweisen selbst herbeigeführtes Erbrechen oder Abführen, übermäßige körperliche Aktivitäten und Gebrauch von Appetitzüglern. Folge können Verzögerung oder gar Ausbleiben der Pubertätsentwicklung (Wachstumsstopp, fehlende Brustentwicklung, Ausbleiben der Periode) sowie im Extremfall der Tod durch Versagen lebenswichtiger Organe sein. Die Behandlung ist schwierig und umfaßt neben einer Stabilisierung des Eßverhaltens in der Regel eine psychotherapeutische Betreuung.

Manie: Kennzeichen der Manie sind insbesondere gehobene Stimmung, gesteigerter Antrieb, erhöhte Aktivität, das Gefühl von hoher körperlicher und seelischer Leistungsfähigkeit, gesteigerte Geselligkeit und Gesprächigkeit, erhöhte sexuelle Aktivität und vermindertes Schlafbedürfnis. Reizbarkeit und Selbstüberschätzung können zu sozialer Ablehnung führen, nicht selten kommt es auch zu übertriebenen Geldausgaben. Die Manie stellt sozusagen das Gegenteil der Depression (Niedergeschlagenheit, Gefühlsarmut, Antriebsschwäche, Todessehnsucht) dar und kann als eigenständiges Krankheitsbild, aber auch im Rahmen vieler anderer psychischer Störungen auftreten. Die Behandlung umfaßt neben der Gabe von Medikamenten (z.B. Lithium) auch auf die jeweiligen Beschwerden ausgerichtete psychotherapeutische Verfahren.

Neurose: Unter einer Neurose verstehen die meisten Fachleute eine psychisch bedingte Gesundheitsstörung, deren Ursachen dem Betroffenen nicht bewußt und letztlich in der Kindheitsentwicklung zu suchen sind. Typische Beschwerden sind Ängste, Zwänge oder auch körperliche Symptome, für die man aber keine eigentlichen körperlichen Ursachen finden kann (z.B. ständiger Durchfall, obwohl mit dem Darm scheinbar alles in Ordnung ist). Neurosen werden oft durch Psychoanalyse behandelt. Dabei wird versucht, die Beschwerden zu heilen, indem man die Fehlentwicklungen in der Kindheit aufdeckt.

Psychopharmaka: Oberbegriff für alle Medikamente, die in erster Linie die Psyche des Menschen beeinflussen. Die am häufigsten gebrauchten Psychopharmaka sind die Neuroleptika (sie wirken z.B. gegen Beschwerden wie Stimmenhören und Verfolgungsängste, aber auch beruhigend und schlaffördernd, ohne abhängig zu machen; häufige unangenehme Nebenwirkungen, vor allem zu Beginn der Behandlung, sind z.B. Muskelsteife und Zittern. Beispiel: Haloperidol/Haldol). Die Antidepressiva (sie beeinflussen vor allem Stimmung und Antrieb günstig) und die Tranquilizer (sie wirken vor allem stark angstlösend und beruhigend), können aber auf Dauer abhängig machen und sollten deshalb nur kurzfristig gegeben werden (Beispiel: Diazepam/Valium). Stimmungsstabilisierend wirken außerdem Carbamazepin und Lithium; diese Stoffe können, da sie wie Neuroleptika nicht abhängig machen, unter Beachtung bestimmter Vorsichtsmaßnahmen auch über einen langen Zeitraum gegeben werden.

Psychose: Die Psychose ist eine psychische Störung mit meist erheblichen Beeinträchtigungen der Wahrnehmung, des Körper- und Selbstempfindens bis zur wahnhaften Ausprägung. Oft tritt massive Angst auf. Es kann zu Halluzinationen kommen, d.h. gedankliche und emotionale Abläufe werden als Ereignisse in der Außenwelt wahrgenommen.

Psychosen schließen nicht zwangsläufig eine Intelligenzminderung ein.

Psychosen können als Symptome körperlicher Krankheiten auftreten, etwa bei Vergiftungen (auch durch Genußgifte), Hirnverletzungen, fiebrigen Erkrankungen und Gefäßkrankheiten (»symptomatische Psychosen«). Ferner treten Psychosen ohne erkennbare biologische Veränderungen auf, bei denen psychische, erlebnismäßige, stoffwechselbezogene und genetische Faktoren oder deren Kombination als Ursachen diskutiert werden (»endogene Psychosen«).

Schizophrenie: Die Schizophrenie ist eine endogene Psychose mit vielfältigem Erscheinungsbild, aber charakteristischen Störungen des Denkens, der Wahrnehmung und des Gefühlserlebens. Die Bewußtseinsklarheit und die Intelligenz sind in der Regel nicht beeinträchtigt. Insbesondere akustische Halluzinationen sind häufig, ebenso wahnhaftes Erleben. Die Betroffenen glauben oft, daß ihre Gedanken und Gefühle anderen Menschen bekannt sind oder von außen gelenkt werden. Häufig werden unzusammenhängende Ereignisse oder unbedeutende Eigenschaften von Menschen oder Dingen so zueinander in

Beziehung gesetzt, daß sie für den Betroffenen eine meist bedrohliche oder unheimliche Bedeutung gewinnen. Wenn einzelne Wahnideen in den Vordergrund treten (Verfolgungswahn, Größenwahn etc.), hat sich der Ausdruck »paranoides Erleben« eingebürgert. »Paranoia« als anhaltende wahnhafte Störung wird auch ohne die charakteristischen Denk- und Wahrnehmungsmuster der Schizophrenie diagnostiziert.

Zwänge: Wiederkehrende Zwangsgedanken und Zwangshandlungen bezeichnet man als Zwänge. Zwangsgedanken sind Ideen oder Vorstellungen, die immer wieder in gleicher Weise auftreten und den Betroffenen meistens sehr quälen, weil sie unangenehmen Inhalts sind, als sinnlos erlebt werden oder der Versuch, sie zu unterdrücken, erfolglos bleibt. Zwangshandlungen oder -rituale sind Handlungsweisen, die ständig wiederkehren, keinen wirklich nützlichen Sinn erfüllen und deshalb meistens als unangenehm empfunden weden. Oft haben die Betroffenen das Gefühl, daß bei Unterlassung dieser Handlungen etwas Unheilvolles, Schädliches auftreten könnte. Bei der Behandlung werden verschiedene psychotherapeutische Verfahren und/oder Medikamente eingesetzt.

Dr. med. Oliver Theill und Dr. phil. Gunter Herzog

Autorinnen und Autoren

Groebner, Hans-Jürgen. Dr. med., Arzt für Kinder- und Jugendpsychiatrie, Psychoanalyse. In Gemeinschaftspraxis in München tätig, Mitglied im Ausschuß »Kinder und Jugendliche« der Deutschen Gesellschaft für Soziale Psychiatrie.

Herzog, Gunter. Dr. phil. und Diplom-Psychologe mit psychotherapeutischer Praxis in Bremen.

Knopp, Marie-Luise. Lehrerin, Individualpsychologische Beraterin (DGIP).

Napp, Klaus. Sonderschullehrer, Individualpsychologische Weiterbildung am Alfred-Adler-Institut Düsseldorf.

Ott, Gudrun. Dr. med., Ärztin für Kinder- und Jugendpsychiatrie und Psychotherapie, Ärztin für Neurologie und Psychiatrie, Kommissarische Abteilungsärztin der Abteilung für Kinder- und Jugendpsychiatrie der Rheinischen Landes- und Hochschulklinik Düsseldorf.

Theill, Oliver. Dr. med., Assistenzarzt in der Abteilung für Kinder- und Jugendpsychiatrie der Rheinischen Landes- und Hochschulklinik Düsseldorf.

Von den jugendlichen Autoren und Autorinnen wollten nur die folgenden namentlich in das Autorenverzeichnis aufgenommen werden:

Julia Emmerichs, Barbara Fechter, Tobias Gumz, Pamela Karth, Sandra Kolbe, Silke Scholz, Bianca Schulz und Christiane Stiehler.